中国“海上文化线路”遗产的环境法保护

薛晓明 著

中国海洋大学出版社

·青岛·

图书在版编目(CIP)数据

中国“海上文化线路”遗产的环境法保护/薛晓明著. —青岛:中国海洋大学出版社,2016. 5

ISBN 978-7-5670-1162-5

Ⅰ. ①中… Ⅱ. ①薛… Ⅲ. ①海洋—文化遗产—环境保护法—研究—中国 Ⅳ. ①D922. 684

中国版本图书馆CIP数据核字(2016)第110277号

出版发行 中国海洋大学出版社
社　　址 青岛市香港东路23号　　邮政编码 266071
出 版 人 杨立敏
网　　址 http://www. ouc-press. com
电子信箱 pankeju@126.com
订购电话 0532-82032573(传真)
责任编辑 潘克菊　　电　　话 0532-85902533
印　　制 日照报业印刷有限公司
版　　次 2016年8月第1版
印　　次 2016年8月第1次印刷
成品尺寸 170 mm × 230 mm
印　　张 9
字　　数 230千
定　　价 32. 00元

前言

中国几千年传承下来的“海上文化线路”，是中国海洋文明发展的历史见证。“海上文化线路”上的每一个岛屿、每一座灯塔、每一个港口，都诉说着中国几千年与世界交流的壮举；而在一条条海上文化线路上发生的海难而沉没于海底的船舶、瓷器、丝绸等物品，则见证了中国先进的物质文明和被世界推崇的往日的辉煌。

这些丰富而又珍贵的“海上文化线路”遗产，昭示着中国昔日世界强国的地位和经略海洋的胸怀，为我们了解自己的海洋文化，增强我们的海洋文化自信提供着弥足珍贵的材料和证据。同时，这些海洋遗产也具有主权宣示的政治和法律意义。所以，它们早已超出历史文物的单一价值，应该为现代人悉心保护和照料。

“海上文化线路”遗产与海洋自然环境资源两者密切联系在一起。因此，保护海洋自然环境资源和保护“海上文化线路”遗产，二者互为一体，不可分割。所以，环境法对文化遗产保护有着特殊重要的意义。它既是保护文化遗产的法律武器，也为政府及其职能部门履行文化遗产保护和管理的职责提供了法律依据，还为公民和社会组织享用和保护文化遗产提供了有力保障，同时也是处理国际文化遗产争端的法律依据。

但目前国际、国内有关海洋环境资源保护的法律法规和有关海洋文化遗产保护的法律法规却是两条平行线，各自缺乏对对方的保护条文，往往会导致为了保护海洋自然环境资源而忽视了海洋文化遗产保护（包括“海上文化线路”遗产保护），或者相反，这不得不说是一种缺憾。

此外，由于当前人类对海洋环境资源的掠夺式开发和利用、相关国家的相关法律法规不健全以及人们的海洋环境资源和文化遗产保护意识淡漠和对海洋环境资源保护和海洋文化遗产保护的人为割裂等原因，使得海洋环境资源和“海上文化线路”遗产的保护受制于海洋环境资源开发，被破坏的形势日益严重，也使得对其保护所面临的任务变得日益艰巨。

对海洋文化遗产的专门保护，目前国际国内只有对水下文化遗产保护的单项政策措施（条例）（如联合国教科文组织《水下文化遗产保护公约》、我国《中华人民共和国水下文物保护管理条约》等）。这不但割裂了水下文化遗产与海域、岛屿、海岸和海底环境资源的综合性一体化保护，而且由于主要注重于水下文物如沉船、船货的“点”的和静态的保护，割裂了一个个“点”之间的“线”与“面”的有机的整体内在联系，不利于对此类文化遗产进行整体意义上的保护与传承利用。

基于上述问题，本书作者提出中国建立“海上文化线路”遗产专门法律法规的建议，并在立法原则、相关制度设计、执法建议等方面对“海上文化线路”遗产的环境法律建设问题提出了全新的观点。

薛晓明

2016年8月

目录

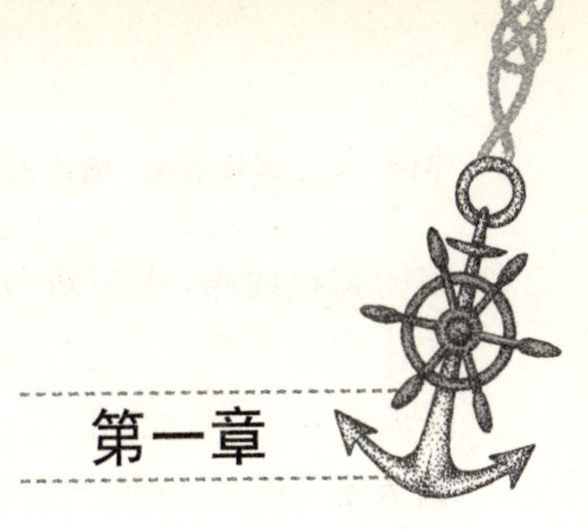

第一章

"海上文化线路"遗产概述

一、"海上文化线路"遗产概念的提出

在研究"海上文化线路"遗产的概念之前,我们有必要先简单了解一下"文化线路"的概念。

文化线路(Culture Routes or Culture Itinerary)是20世纪90年代以来国际上提出的有关世界文化遗产保护的新理念。文化线路的概念是1994年在西班牙马德里召开的文化线路世界遗产专家会议上首次提出来的,当时文化线路还被称为"遗产线路"(Heritage Routes)。这次会议是由世界遗产委员会批准、由西班牙政府资助的一次对文化线路的有关问题进行深入探讨的国际会议。专家一致认为应将"路线作为我们文化遗产的一部分",并在会议形成的专家报告中第一次清晰地提出了文化线路的概念,指出文化线路是"建立在动态的迁移和交流理念基础上,在时间和空间上都具有连续性"的一种动态的文化景观,"是多维度的,有着除其主要方面之外多种发展与附加的功能和价值,如宗教的、商业的、管理的等等"。[①] 至此,"文化线路"作为遗产类型的理念开始形成,为之后的"文化线路"等相关问题的研究奠定了基础。

第一次开始比较系统、深入地研究"文化线路"的相关问题如内涵、价值、意义等是在1998年。该年9月5日至8日,国际古迹遗址理事会在西班牙的特内里费召开会议。这次会议的一个重要成果是成立了对文化线路的专门研究机构——国际古迹遗址理事文化线路国际科学委员会(CIIC),并通过了《CIIC工作计划》《CIIC章程》等文件。这说明"以'对话和交流'为特征的跨地区或跨国

① CIIC. Report of Experts[EB/OL].[1994-11-09]. http://international. icomos. org/madrid 1994/cultural-routes.

家的文化线路，作为新型文化遗产理念，已为国际文化遗产保护领域所认同”①。文化线路国际科学委员会在这次会议上重新定义了“文化线路”，认为“文化线路或线路的概念指的是一套整体大于个体之和的价值，正是借助这套价值，文化线路才具有其意义。鉴别文化线路的依据是能够证明线路自身意义的一系列要点和物质元素。通过在某段历史时期对某个社会或团体的文明进程起到决定作用的线索，来承认某条文化线路或线路中能够联系到某个非物质价值的关键要素和实物”②。

1999 年 5 月 21 日至 22 日，应文化线路国际科学委员会（CIIC）的要求，国际古迹遗址理事会（ICOMOS）主席和各国专家再次汇合，于西班牙伊维萨岛就“文化线路方法论、定义和操作”等方面展开讨论。这次国际会议在最后的报告《伊维萨岛宣言》中，再一次定义了“文化线路”的概念：“文化线路是由于长时间、连续的人类活动促进物质、文化或精神上的交流，产生的一条贯穿历史时空的指导性线路，它使得国家或区域内文化和谐繁荣。”③会议还对“文化线路”的特征进行了总结，比如，文化线路必须有代表性遗产及其存在的物质性认证等有形元素的支持，而无形元素使得组成遗产整体的各种元素富有意义、应存在于自然环境、要有全球意义、可以为促进和平对话开辟渠道，并促进国家间的合作和理解等。

1999年10月，CIIC国际专题研讨会在墨西哥瓜纳华托召开，会议产生了《瓜纳华托结论》。结论遵循由 CIIC 在之前国际会议准备的文件内容，以及提交的论文和研讨会上的辩论，认为“文化线路是各民族之间文化碰撞和相遇的见证，是时空里知识的转移和文化的交叉融合”；“在全球背景下，通过文化线路，不同民族的身份揭示了超过他们本土的、地区的或国家的意义”；“对文化和历史而言，文化线路是最重要的贡献之一，它能促进各民族之间的相互理解”。④

2001 年 6 月于西班牙潘普洛纳举行的 ICOMOS 国际研讨会达成了《潘普洛纳结论》。这次会议得到了潘普洛纳当地政府的支持和西班牙国际合作社（AECI）

---

① 单霁翔. 关注新型文化遗产——文化线路遗产的保护 [J]. 中国名城，2009（5）：4.

② CIIC. The Canary Islands：a Cultural Crossroads Between Continents[EB/OL]. [1998-09-28]. http://interenational. icomos. org/tenerife1998/conclusions.

③ CIIC. Ibiza Declaration：Congress on Methodology，Definitions and Operative Aspects of Cultural Routes[EB/OL]. [1999-06-09]. http://international. icomos. org/ibiza1999/declarations.

④ CIIC. Guanajuato Conclusions[BE/OL]. [1999-10-23]. http://international，icomos. org/Mexico1999/conclusions.

的经济协助。会议的总结性文件《潘普洛纳结论》根据CIIC之前会议的定义和结论，对文化线路在遗产保护概念上做了质的改变，即"文物古迹从作为脱离周围背景的一部分，逐渐扩展到包括中心、邻邦、历史名镇、文化景观等范围"①。这个新概念的首要结果就是将民族间、城市间、地区间和洲际间的文化相互联系起来，提供了至今还未建立过的保护措施，涉及领土范围、文化完整性、行为与周围环境的和谐性等。

2002年12月，国际古迹遗址理事会第十三届大会在西班牙首都马德里举行。CIIC也相伴召开国际研讨会，会议产生了《马德里会议考虑及建议》，明确了文化线路是一项独立于文化景观的特殊的文化遗产，从而消除了二者的概念混淆。《马德里会议考虑及建议》认为："文化线路具有流动性，并且有文化景观不具有的无形动态和空间运动。尽管文化景观也会随着时间变更而发展变化，但它受到自然的约束比文化线路更加固定。此外，一条文化线路通常包括很多不同的文化景点。文化景观在地理范围内不具有动态性，相反，文化线路则可能覆盖该地理范围。文化线路产生且一直生成文化景观，反之则不然。"②

2003年5月30日至31日在西班牙马德里国际古迹遗址理事会（ICOMOS）在提交给世界遗产委员会的《行动指南》中系统明确表述了文化线路的定义："文化线路是一种陆地、水道或者混合类型的通道，其形态特征的定型和形成基于它自身具体的和历史的动态发展和功能演变。它代表了人们的迁徙和流动，代表了一定时间内国家和地区内部或国家和地区之间人们的交往，代表了多维度的商品、思想、知识和价值的互惠和持续不断的交流，并代表了因此产生的文化在时间和空间商的交流与相互滋养。这些滋养长期以来通过物质和非物质遗产不断地得到体现。"③

世界遗产委员会在《世界遗产公约实施指南》中加入文化线路的有关内容，"标志着文化线路的保护已经成为世界遗产保护事业的重要内容，在文化线路发展进程中无疑具有里程碑意义"④。

---

① 丁援. 文化线路：有形与无形之间［M］. 南京：东南大学出版社，2011：35.

② CIIC. Considerations and Recommendation[EB/OL]. [2001-12-21]. http://international. icomos. org/madrid2002/Recommendations.

③ CIIC. 3rd Draft Annotated Revised Operational GudielinesFOR THE Implementation of the World Heritage Convention[EB/OL]. [2003-06-21]. http://international. icomos. org/madrid2003/opguidelines.

④ 李伟，俞孔坚. 世界文化遗产保护的新动向——文化线路［J］. 城市问题，2005（4）：8.

对于中国来说，关于文化线路的一个重大事件即是2005年10月在西安召开的ICOMOS第十五届大会。自此次大会始，我国学者也开始对“文化线路”给予了更多的关注和研究。这次研讨会将文化线路列为四大专题之一，并提出了最新的文化线路的概念：“任何线路，无论其是陆路、水路或一些其他一些类型，只要其是有形的并具有动态的和历史性功能的特点，并且符合以下三个条件：它必须在人们的交互活动中产生，并反映这种活动，在一定时期内，于个人、国家、地区或大陆间，多维的、连续的和互惠的交流货物、思想、知识和价值；它必须在一定的空间和时间内，促进不同文化的相互影响，并反映在其有形和无形的遗产上；它必须是一个融历史联系和文化遗存的动态系统。”[①] 这个概念更加的系统和明确，并形成了《文化线路宪章》（草案），从而为2008年的《文化线路宪章》的正式出台奠定了基础。

2008年10月，国际古迹遗址理事会第十六届大会暨科学委员会会议在加拿大魁北克召开，大会通过了《关于文化线路的国际古迹遗址理事会宪章》（*The ICOMOS Charter on Cultural Routes*）。这是文化线路保护领域具有标志性意义的事件。《关于文化线路的国际古迹遗址理事会宪章》对宪章目标、文化线路的定义、要素、内容、环境、特殊指标、类型、识别、真实性和完整性以及相关的研究、经费、保护和国际合作等问题进行了详细阐释。其中，关于文化线路的定义如下：“无论是陆地上、海上或其他形式的交流线路，只要是有明确界限，有自己独特的动态和历史功能，服务的目标特殊、确定，并且满足以下条件的线路可称为文化线路：① 必须来自并反映人类的互动，和跨越较长历史时期的民族、国家、地区或大路间的多维、持续、互惠的货物、思想、知识和价值观的交流；② 必须在时空上促进涉及的所有文化间的交流互惠，并反映在其物质和非物质遗产中；③ 必须将相关联的历史关系与文化遗产有机融入一个动态系统中。”[②] 至此，“文化线路作为一种遗产类型，从遗产内涵岛定义与构成、从类别与指标到识别的真实性和完整性，均有了基本确定的解释和界定，具备了一定的可操作性”[③]。

《世界遗产名录》上的遗产线路列表如下：

---

① Maria Rosa. A New Category of Heritage for Understanding, Cooperation and Sustainable Development[C]//Proceeding of ICOMOS 15th General Assembly and Scientific Symposium: Volume 2. World Publishing Corporation, 2005: 1079.

② 丁援. 文化线路：有形与无形之间 [M]. 南京：东南大学出版社，2011：88.

③ 王建波，阮仪三. 作为遗产类型的文化线路——《文化线路宪章》解读 [J]. 城市规划学刊，2009（4）：86.

目前，线路遗产仍是以线性文化景观的形式提名并登记在《世界遗产名录》上的，大体可以分为四类（部分列出）。

类型	遗产线路名称
运输线路	米迪运河（Canal du Midi，法国，1996 年录入）； 赛梅林铁路（Semmering Railway，奥地利，1998 年录入）； 大吉宁喜马拉雅铁路（Mountain Railways of India，印度，1999 年录入）； 大运河（The Grand Canal，中国，2014 年录入）
贸易线路	乳香线路（Land of Frankincense，阿曼，2000 年录入）； 香料之路（The incense Route，以色列，2005 年录入）； 丝绸之路（The Silk Road，中国与哈萨克斯坦、吉尔吉斯斯坦联合申报，2014年录入）； 印加古道（The Inca Trail，秘鲁、哥伦比亚、厄瓜多尔、智利、阿根廷和玻利维亚联合申报，2014 年录入）
宗教线路	圣地亚哥—德孔波斯泰拉朝圣线路（The Route of Santiago de Compostela，西班牙部分，1993 年录入，法国部分，1998 年录入）； 日本纪伊山朝圣线路（Kii Mountain Range，日本，2004 年录入）
堡垒／防御工事线路	古罗马帝国边界线（Frontiers of the Roman Empire，英格兰，1987 年录入）； 阿姆斯特丹防御战线（The Defence Line of Amsterdam，荷兰，1996 年录入）

“文化线路”概念丰富了文化遗产的内涵，其对遗产进行整体性保护的理念，更是对传统保护观的重要突破，即“文化线路”改变了过去世界遗产对人类文明的“点”状展示，而成为以重大的人类活动为脉络的“线”性区域展示，更加真实、准确地反映了人类文化的发展与传播，也使在世界范围内构建以“文化线路”为经纬的“世界遗产保护网络”成为可能。

二、“海上文化线路”遗产的内涵

作为一种新型文化遗产，文化线路遗产拓展了文化遗产规模，而“海上文化线路”遗产是文化线路遗产中不可或缺的重要方面。人类海洋活动主要是“鱼盐之利，舟楫之便”。其中，“舟楫之便”是航海活动的文化遗存，包括港、船舶、船货，以及人类围绕这三者而进行的物质的、精神的、民俗的、科技的和社会的相关活动等可以看得见，摸得着的实物。而通过航海活动而形成的海洋文化遗产，主要是呈“线性”的“海上文化线路”遗产。

“海上文化线路”遗产，就是“人类跨越海洋实现文化传播、交流和融汇的历史形成的线性文化遗产。‘海上文化线路’遗产的存在空间，就是人类历史上的海上航线。‘海上文化线路’遗产的历史内涵广泛而丰富，远远超越人们所熟悉的海上丝绸之路以海上贸易为中心视域的历史遗产内涵”[①]。

中国是世界上拥有悠久航海历史的大国。中国与朝鲜半岛、日本列岛、琉球群岛、东南亚、印度洋沿岸乃至非洲、欧洲之间，不但自古航海交流不断，而且自先秦滥觞，自秦汉时代就逐渐形成了跨越东亚海域以环中国海为中心的“汉文化圈”。东亚环中国海“汉文化圈”形成和发展的历史，也就是东亚环中国海区域以中国为中心跨海互动、梯航不断的航海历史；东亚“汉文化圈”的空间结构，实际上就是中国与环中国海区域包括朝鲜半岛、日本列岛、琉球群岛、东南亚地区之间跨海连结的一条条海上“文化线路”编织而成的。

重视研究和保护中国与环中国海区域包括朝鲜半岛、日本列岛、琉球群岛、东南亚地区之间跨海连结的一条条海上“文化线路”，对于丰富世人关于中国文化（既包括中国内陆文化，也包括中国海洋文化）的历史内涵的了解和认同，认知中国海洋文化在中国文化对外跨海交流、对外辐射影响和构建东亚中国文化圈中的作用，强化国人在中国文化遗产保护中既重视内陆文化遗产保护也重视海洋文化遗产保护的意识和理念，切实加强我国文化遗产的全面系统保护包括跨国合作保护与价值利用，都具有不容忽视、不可替代的理论意义和实践意义。

三、“海上文化线路”遗产的价值

中国是一个海洋大国，北起鸭绿江口，南至北仑河口，有着18 000多千米长的大陆海岸线、6 500多个岛屿和300多万平方千米的主张管辖海域（按《联合国海洋法公约》，领海加上大陆架和专属经济区）。很早以前，我国古代沿海居民就已经涉足大海，使中国成为一个海洋历史源远流长的国家。文字记载中，《竹书纪年》有夏代的航海记录，“‘后荒即位，元年，以玄珪宾于河，命九（夷）东狩于海，获大鸟（鱼）。’（一说‘九’后脱‘夷’字，‘鸟’应为‘鱼’。）”[②]商朝即有了四方有海的观念，如“维民所止，肇域彼四海。四海来假，来假祁祁。”（《诗经·商颂·玄鸟》）《史记》载：春秋时，吴国水军曾从海上发兵进攻齐国。《说苑》载：齐景公曾游于海上，乐不思归。《论语》中也讲到孔子曾表示过“道不行，乘桴浮于海”，表达了其将海上作为躲避烦恼的理想场所的想法。战国时期的邹衍提出了大九州说，认为九州“有裨海环之”，且“有大瀛海环其外，天地之际焉”（《史记·孟子荀卿列传》）。而辑录上古时代传说的《山海经》则记录了中国最早的海神：“北

① 曲金良. 关于中国海洋文化遗产的几个问题［J］. 东方论坛，2012（1）：18.

② 曲金良. 中国海洋文化史长编：先秦秦汉卷［M］. 青岛：中国海洋大学出版社，2008：39.

方禺强，人面鸟身，珥两青蛇，践两青蛇。”（《山海经·海外北经》）

除此之外，各类遗址遗物也记载了中国悠久的海洋历史。例如浙江河姆渡遗址发现的独木舟的桨距今已有 7 000 多年的历史；台湾以台北县八里乡大坌坑命名的大坌坑文化，距今也有 5 000～7 000 年的历史；而大汶口遗址中出土的渔猎工具诸如尾部带孔的双倒刺或三倒刺的骨、角质鱼鳔、鱼钩及较多的网坠，也说明在距今 4 500～6 300 年的黄渤海先民的渔猎和采集经济在社会经济生活中仍比较重要。而 2002 年 10 月在杭州市萧山区跨湖桥遗址出土的一条独木舟，被专家认为是世界迄今为止发现的最早的独木舟，距今约 8 000 年。截至目前，中国已从地下挖掘出超过 20 艘古代木船。这说明我们的祖先早已借助大海的恩赐生息繁衍，行渔盐之利，舟楫之便。也正是得益于大海的广袤与神秘，人们才有了探索大海奥秘，开辟连接世界的航路的勇气。而随着海上航路的开辟，中国与海外多个国家实现了政治互动、经济互连、文化互通，并形成了丰富的“海上文化线路”遗产。“海上文化线路”遗产至少有以下几个方面的价值。

（一）“海上文化线路”遗产是线路两端及沿线各国经济发展的见证

海上文化线路是东西方海洋贸易的主要通道。中国是东方文明古国，中国产品历来在国际市场上很受欢迎。经由海上文化线路进行的东西方贸易，其进出口商品结构因时而变。唐代以前，中国出口的商品，主要是丝绸和黄金。进口的商品，主要是香料、珠玑、翠羽、犀角、象牙、玳瑁、琉璃、玻璃、玛瑙及各种宝石等奢侈品。唐代以后，陶瓷受到海外市场青睐，成为丝绸之外另一种主要的输出商品。明末，茶叶传入欧洲，成为中国最大宗的出口商品。进口商品除了传统的南洋诸地土特产外，增加了西洋货物如毛织品、棉织品、钟表、香水、皮毛、金属等。东西方各国正是通过海上文化线路等渠道进行经贸交往，丰富彼此间的经济生活，分享人类创造的物质文明。“海上文化线路”的出现，得益于海上经济发展的需要，世界上各国人民在陆上经济交往的基础上也开始了海上的交流，例如西汉的海外贸易。

西汉海上航路的开辟始于汉元鼎六年（前 111 年）。秦朝末年，陈胜、吴广揭竿而起，天下云集响应。此时，已被推翻了的“山东诸侯”，借着农民起义的洪流，重又复辟了战国时期的割据局面。后经刘邦削平了各地的旧贵族势力，建立了统一的汉帝国。当时，由于连年混战，农民死亡流散，城乡人口锐减，社会经济凋敝，百物腾贵，国内一片萧条景象。面对这种局面，汉朝统治者不得不把稳定秩序、恢复生产作为首要任务，认真采取“与民生息”的政策，到文帝、景帝时期（前

179—前141年），汉朝达到了初步的稳定。到汉武帝时，则出现了“都鄙廪庾皆满，而府库余货财。京师之钱累巨万，贯朽而不可校”（《史记·平准书》）的盛况。汉武帝刘彻即在这样一个海内物阜民丰的条件下积极开拓了通向国外的商路。

汉代对外的商品主要是丝织品。丝织品是中国的特产，而且产量多，质量好，国内外需求量都很大。特别是海外，地中海一代贵族争相以穿上中华丝绸为荣。因此，汉武帝曾两次派遣张骞“凿空”西域，将我国的丝绸带到了西方，并远达地中海东部一带，开辟了横跨亚洲大陆的路上丝绸之路，扩大了汉王朝在中亚及罗马的声威和影响。

就在汉帝国统一中国时，西方罗马人也统一了意大利半岛，建立了强大的罗马帝国（汉时称大秦，又称犁鞬）。当时世界上的大国，基本上就是东方的大汉帝国和西方的罗马帝国，而东西方两大帝国之间，在中亚地区有大月氏和安息两大国阻隔，所以陆上丝绸之路中国丝绸虽已远销到罗马，但并不是由中国人直接运销到罗马，而是其间由安息商人进行转销。安息商人为牟取暴利，故意隔阻在两国中间，不使中国与罗马接触。《后汉书·西域传》中说的“大秦，一名犁鞬，以在海西，亦云海西国……其王常欲通使于汉，而安息欲以汉缯彩与之交市，故遮阂不得自达”，就是这件事情。而汉武帝最终采纳番阳令唐蒙的建议开辟海上航路的目的，就是为了从海上经由印度沟通与罗马的贸易交往。

西汉经由印度沟通罗马的贸易交往航道史称“徐闻、合浦南海道”。这条航线，被记录在《汉书·地理志》：“粤地……处近海，多犀、象、毒冒、珠玑、银、铜、果、布之凑，中国往商贾者多取富焉。番禺，其一都会也。自合浦、徐闻南入海，得大州，东西南北方千里，武帝元封元年（前110年）略以为儋耳、珠厓郡……自日南障塞、徐闻、合浦船行可五月，有都元国；又船行可四月，有邑卢没国；又船行可二十余日有谌离国；步行可十余日，有夫甘都卢国。自夫甘都卢国船行可二月余，有黄支国，民俗略与珠厓相类。其州广大，户口多，多异物，自武帝以来皆献见。有译长，属黄门，与应募者俱入海市明珠、璧流离、奇石异物，赍黄金杂缯而往。所至国皆禀食为耦，蛮夷贾船，转送致之。亦利交易，剽杀人。又苦逢风波溺死，不者数年来还。大珠至围二寸以下。平帝元始（1-5年）中，王莽辅政，欲耀威德，厚遗黄支王，令遣使献生犀牛。自黄支船行可八月，到皮宗；船行可〔二〕月，到日南、象林界云。黄支之南，有已程不国，汉之译使自此还矣。”

这条航线的走向，用今天的地名，可作如下表述：“从徐闻、合浦出航，沿北部湾西岸和越南沿岸航行，绕过越南最南部，沿暹罗湾沿岸，顺着马来半岛海岸南下，进入马六甲海峡，到达都元国（今印尼苏门答腊西北巴塞河附近）。在从都元国绕航，沿马来半岛西海岸北上，到达邑卢没国（今缅甸南部萨尔温江入海口附近）。从这里沿缅甸西海岸向西北方向航行到谌离国（都城在今缅甸蒲甘城附近）。然后沿印度东岸向西南航行到达黄支国（印度南部），最后向南航行，到达已程不国，即今天的斯里兰卡。然后由此回国。”① 往返一次需要28个月，航程达数万千米。当时，西汉船队受航海条件的限制，到了今印度东海岸的康齐普拉姆及斯里兰卡等地，已能换回所需货物便折返回航。所以，今印度和斯里兰卡变成了海上丝路上欧亚贸易的中转港。至于印度以西的航路，则由西方航海者开拓。

在唐代，中国的瓷器制作技术有很大的进步，陶瓷釉下彩的发明，唐三彩的问世，在我国陶瓷史上增添了新的光辉。瓷器产地分布很广，瓷业中心大多在东南沿海。如越窑产的青瓷、广州产的白瓷，均颇负盛名。当时，瓷器产品除供应国内外，有大量产品可用于外销。但是，对于瓷器这样质重、易损的商品，海上运输远较陆上运输安全稳靠，商人们便寻求海上航线。因此，瓷器外输便成为海上交通线发展繁荣的经济推动力。于是在唐代，便正式形成了这条海上通道。

在唐代，中国南方和沿海的经济有很大的发展，瓷器的发展尤为引人注目，其发展速度超过了丝绸。因而，在外销货物中所占比例上升，在海外销路很广。至今在航路所及的印尼、菲律宾、印度、伊朗、阿拉伯各国，远至东非、北非都有大量出土。日本陶瓷专家三上次男说，中国陶瓷在9世纪真是像流水似地从海路渗透到海外。② 朱杰勤先生也曾谈到，当时，无论中国船或外国船，他们的载货都以陶瓷为大宗。③

汪大渊《岛夷志略》所记我国陶瓷输出有50多个地区。14世纪阿拉伯旅行家伊本·拔图塔谈到他游中国的见闻时说，广州是世界大城市，“瓷器最甚”，“其间最大莫过于陶器场”。他又谈到“在亚丁，由于价格统制而限制输入”。由此可以推侧，早在14世纪时，这个港口中国瓷器输入量很大。拔图塔又说：“中国人将瓷器转运出口，至印度诸国，以达吾故乡摩洛哥。”可知中国瓷器在这时已远销至海道的终点北非。《岛夷志略》记载了中国陶瓷的贸易情况：“货用金银、青白花器（瓷器）”。三上次男的著作中写道：在10至14世纪，现苏丹境内红海沿岸，有一个阿伊扎布港。据也门犹太商人的记录，从印度运往这里的商品中，瓷器是

---

① 曲金良. 中国海洋文化史长编：先秦秦汉卷［M］. 青岛：中国海洋大学出版社，2008：245.

② 三上次男. 陶瓷之路［M］. 李锡经，高喜美，译. 北京：文物出版社，1984：25.

③ 朱杰勤. 中国陶瓷和制瓷技术对东南亚的传播［J］. 世界历史，1979（2）：21.

占优势的大宗。[①]

随着岁月的流逝，海上丝绸之路上来来往往的船只越来越多。海上丝绸之路已经远远不只是向外传布丝绸。随着海外贸易的发展，它把我国古代的发明创造如指南针、火药、造纸和活字印刷术、瓷器、医学、中草药等也像最初传布丝绸一样，传布到世界各地；同时，也把外国的特产如珍珠、宝石、犀角、象牙、香料，矿产如沙金、白银、黄铜，动植物和经济作物如棉花、龙眼、缅茄、占城稻和从南美引入的玉米、番薯、烟草、花生、向日葵、马铃薯、西红柿等新品种传到我国。这种发明创造和生产技术的互相交流，促进了人类历史的前进和社会生产力的发展。日益频繁的海上贸易使得世界各国的物质生活丰富、精神文化繁荣。

（二）推动各国文化交流和社会进步

海上丝绸之路虽以丝绸为开端，但其意义却远远超过丝绸贸易的范围。它把世界各地的文明古国如希腊、罗马、埃及、波斯、印度和中国，又把世界文化的发源地如埃及文明、两河流域文明、印度文明、美洲印加文明和中国文明等连接在一起，形成了一条连接亚、非、欧、美的海上大动脉，使这些古代文明通过海上大动脉的互相交流而放出了异彩，给世界各族人民的文化带来了巨大的影响。随着海上经济的发达，世界各族人民的文化交流也开始通过海洋频繁和密切起来。这使得海上航路不仅仅是通商线路，更是一条条连接和传播各民族文化的文化线路。“它发生的结果是促使各种文化相融并长，丰富并加深世界文化的内涵。”[②]

例如，奥尔梅克文明。

上古三代时期，最著名的海外交通事件之一即是殷人东渡。

长久以来，人们往往把《山海经》当做荒诞不稽的神话来读，一笑了之。直到20世纪，才发现事实并非如此。它原来是一部中国远古时代的航海日志，所标的一些地名今天居然能一一得以印证。

例如书中的《东山经》就似乎与北美洲、中美洲以及墨西哥湾等地区有关。于是，西方人曾提出，早在公元前11世纪，可能就有中国人到过美洲。以后在美洲一些地区，特别是在墨西哥的考古发现中，有许多遗物和遗迹都具有与中国商代文化特征相似的墓碑、雕塑、铜器、石刀、饰纹、陶片、文字、壁画等。

比如在密西西比河下游发现的上古时代的圆形土墩和石斧，就与中国张家

---

① 王建辉.“海上丝绸之路”应称为“瓷器之路”[J].求索，1984(6)：124.

② 曲金良.海洋文化概论[M].青岛：中国海洋大学出版社，1999：77.

口附近的土墩和石斧相似。“在秘鲁查文出土的铜制小美洲虎雕像上，与商代晚期同类雕像的特征分毫不差，都有突露的牙齿，繁复的纹路，尾巴上也有特别的斑斓花色。这种亚洲虎才有的特征，在美洲虎或者美洲豹身上绝不会存在。”[①]而“奥尔梅克时期的人兽同形神像、动物形状的头盔、双龙头等艺术造型均来源于周朝。奥尔梅克人设计的甬道图案、修建的水渠、垒筑的土墩均与中国古代的相似……查文时期的纺、染工艺无不雷同于周朝及受华夏文化影响的东南亚地区”[②]。在墨西哥拉文塔土墩中出土的石雕，以及在危地马拉博物馆保存的奥尔梅克赤陶头像，都是中国人的脸型。南美印第安人的日常器皿上随处可见商代特有的饕餮纹，他们甚至把这种图案纹到胴体上。至今，一些印第安族裔仍然在习惯地自称是殷人。于是有的学者就认为，在 3 000 多年前，很可能有一批中国人到达了美洲。

而在 1975 年冬，美国地质调查局的一只打捞队在加利福尼亚南部帕拉斯韦德半岛浅海处，发现了两个表面有两到三毫米锰矿积聚层的石锚。欧美专家学者对此作了专门研究，认为这两个石锚的研制在北美太平洋沿岸并不存在，却与中国沿海地区的灰岩基本相同。经考证后推断，它们来自古代中国，大约是在三千年前沉入海底的。而中国学者房仲甫率先对石锚的年代和国别进行肯定后，也主张它是 3 000 年前中国殷人扬帆东渡美洲的物证。[③]因为 3 000 年前，恰是中国历史上周武王伐纣的战火岁月。在经历了血流漂杵的牧业之战之后，商都朝歌陷落，周人取代了殷商成为中华大地的主宰。当时商朝战败，纣王自焚，剩下十万殷军、一朝臣民弃廓逃到海边，追兵也随之赶到。但是让人不可思议的是，转瞬之间这群人突然人间蒸发，不见了踪影。后来经甲骨文辞学者研究后确认，殷人虽然同属于华夏民族，却是九夷中一只。《诗经·商颂·匕发》有云：“相土烈烈，海外有截”，表明他们善于海上作战。当时的情况很可能是，殷人败走无路，乘舟远遁，至于这批逃亡者去向何方，很可能是“从山东半岛出海，漂流到台湾岛，然后沿琉球群岛北上到了日本，再沿日本列岛北上，趁西风或黑潮海流漂流到阿留申群岛，从而到达了北美洲，再顺加利福尼亚海流南下到了墨西哥”[④]。由此，人们大胆假设，正是殷人的到来，才诞生出奥尔梅克文明。

---

① 崔京生. 海洋志［M］. 北京：中国青年出版社，2012：163.

② 郝明伟，徐世澄. 拉丁美洲文明［M］. 北京：中国社会科学出版社，1999：102.

③ 房仲甫. 扬帆美洲三千年［N］. 人民日报，1981-12-05（7）.

④ 房仲甫. 扬帆美洲三千年［N］. 人民日报，1981-12-05（7）.

再比如日本弥生文化的出现。

所谓弥生文化，是指日本绳纹文化之后的一个重要历史时期，由于最先是在日本东京弥生町发现出土而定名。它起自公元前200多年，至公元后300多年之间，恰好相当于中国的战国末年及秦汉魏晋时期。

与日本的交往，最早是从朝鲜半岛南岸，靠对马暖流与间宫寒流在日本海南部交汇而形成的左旋海流为动力。但这种自然漂流的航路只是单向的，很少有人从日本冒险逆向来到中国。西周时，既有“倭人贡鬯”记载，说明由日本来中国的航路已经开通，当时的航路可能是从朝鲜半岛南端越海，中经对马、远瀛（今日本冲之鸟礁）、中瀛（今日本大岛），到达筑前胸形（今日本北九州宗像）的横渡朝鲜海峡航路。这在《日本书纪》中称之为“北海道中”或“道中”航路。

秦汉之际的中国文化向日本的辐射与传播，大大缩短了日本列岛脱离蒙昧状态进入文明社会的进程。这主要是由中国移民来完成的。这些移民，对于当时的日本列岛来说，无疑是很宝贵的。他们有知识，有生产技术，都曾生长在中国内地的先进文明之中。因此，移居日本必然会把中国内地的先进文明带进日本。所以，这些移民在日本的开化、生产力的提高及加强统治力方面，甚至在建立一个统一的中央集权国家的过程中，曾起过重大作用。东京大学考古学教授江上波夫曾就此指出:“由绳纹文化向弥生文化的过渡是一次质的飞跃，其转变是突发性的。因此，创造弥生文化的并不是日本列岛上原有的绳纹文化人，而是当时已经具有高度发达水耕农业技术的外来民族。”这个外来民族非中国移民莫属。所以，日本史学界一致公认:“弥生文化是一种来自中国的文化。”中国移民来到日本，使日本开始从原始的渔猎生活的绳纹文化向使用金属工具和进行水稻种植的弥生文化飞跃发展。

再比如，一提到秦朝海外航路的开辟，人们往往首先想到的就是方士徐福东渡日本。但实际上，古代中日之间的海路交通，从河姆渡文化和绳纹文化时代就已经开始了。例如，至少在5 000年前，“我们祖先就已在此（舟山）定居并种植大量的水稻”，为“日本水稻种植技术可能是从中国江南地区经过舟山群岛传入这一学术观点，提供了有力的佐证”。“舟山群岛可能就是古代中日文化传播的中转地”。（《文汇报》17212号）但那时候的海上交流时自发的，断断续续的，不是一次完成的，而是在一个相当长的时期内多次完成的。而徐福东渡日本则是一次真正的有规模、有计划的伟大航海事迹。

徐福古称徐市，“市”即“芾”，与“黻”同，东汉后改为“福”。徐福字君房，齐地琅琊人，秦国著名方士。所谓方士，《史记·封禅书》中有云:“燕齐海上之方士传其术不能通”。《资治通鉴》载：这些人自称“有仙道、形解销化之术”。有些海边的道士不但精通航海知识，而且有航海阅历，徐福就是这样一名方士。

秦始皇二十六年（前221年），秦始皇统一六国之后，便开始四处巡游。两年后，秦始皇东巡到泰山封禅之后，沿渤海东行到了山东沿海的琅琊（今属青岛黄岛区），望着滔滔的海面，心潮澎湃，想到生死无常，就萌发了寻求仙药的念头，以求长生不老。方士徐福就上书秦始皇，声称海中有蓬莱、方丈、瀛洲三座神山，仙人居住在那里，请求派童男童女和他一起去求长生不老药。秦始皇听信了他的话，大为高兴，于是派方士徐福“遣振男女三千人，资之以五谷种种百工而行。徐福得平原广泽，止王不来”。（《史记·淮南衡山列传》）

据今人推测，这次大规模的航海活动的航行路线应该是从“琅琊港出发，沿海岸航行，绕过山东半岛端成山脚，向西行过芝罘港（在今山东烟台），到蓬莱，再沿庙岛群岛北上，渡过渤海海峡到辽东半岛南端的老铁山，再顺海岸行至朝鲜半岛东南角的釜山，沿‘海北道中’航路，经对马、远瀛、中瀛到达北九州筑前的胸形；最后从北九州沿岸过关门海峡驶进濑户内海，再沿大阪湾南航入纪伊水道，绕过纪伊半岛，最终抵达和歌山县新宫町附近的熊野滩。这条航路实际上就是古代‘海北道中’航路的延伸。”①

据说徐福一行人在日本定居下并来建立了新家园，成为了今天日本的出云族和铜铎族的始祖。其后代则成了日本民族的有机组成部分。徐福一行对日本历史的发展和社会的进步起到了很大的推动作用，影响极为深远。他将中国先进的文化和技术传给了当地的居民，如传授先进的农耕技术和经验，教会养蚕织布，传授了先进的手工业生产技术等等；九州佐贺县的金立神社，把徐福奉为农耕、养蚕、医药之神；本州山梨县的浅见神社更是尊徐福为纺织之神，连日本天皇也多次派特使前去参拜。可以说，徐福是我国海上航路上扬帆远航的先驱者，他东渡日本的壮举，不仅促进了中日两国间的经济文化交流，而且也充分表明当时我国的航海能力已居世界领先地位。

（三）体现中国造船技术的发展进步

“海上文化线路”的繁荣得益于航海事业的进步。中华民族栖息生存的领土上，有着漫长的海岸线，沿海一带的气候与资源条件又较为有利于海上活动，故中国的航海历史极为悠久。至少从公元前3世纪起，到15世纪，中国古代的航海

① 杜瑜．海上丝路史话［M］．北京：社会科学文献出版社，2011：11．

业和航海技术就一直处于世界领先水平。

考古表明，早在旧石器时代，沿海地区就已经有了人类活动的足迹。根据《物原》有关“燧人氏以匏济水，伏羲氏始乘桴”的传说记载，旧石器时代晚期，以渔猎为生的原始先民已开始利用原始的航行工具于与洋打交道。新石器时代，先民们已经懂得了“木浮于水上”的道理，并随着火与石斧技术的改进，开始出现了最早的船舶——独木舟，为海上航行创造了更好的条件，并可能已开始在沿海或邻近岛屿间作短暂距离的航行。

夏商周时期，社会生产力的发展与青铜技术的出现与成熟，木板船与风帆产生了（《物原》记载:“夏禹作舵，加以篷、碇、帆、樯。”这虽然不能完全可信，但从甲骨文卜辞中已有“凡”字即为帆来看，帆约出现于夏商之交）。从此，较大规模的航海活动开始了。

秦时徐福东渡日本，面对茫茫大海，他们当时有如此先进的出海工具吗？这个答案直到1974年才得以揭晓。

1974年，在中国广州挖出了秦汉造船厂遗址。现场有3个平行排列的造船台，以及加工木料的厂区。船台有滑到，滑到由枕木、滑板、木墩组成。其中滑板宽距可以随意调节，便于打造不同船舶。在1号船台上，两块滑板之间的间距为1.8米，这样可以推测出，当时的船体宽度在3.6～5.4米之间，按照船体大致比例，便得出船的长度。2号船台两块滑板之间的间距为2.8米，可以打造5.6～8.4米宽的船舶。滑板上平放了两道承载船体的木墩，共有13对，两两相捉，整齐排列，高度为1米，留有可供人员进行船底作业的空间。现场还发现了烘弯木料的用的“弯木地牛”、画线铅块、铁锛等造船设备。可以看出，当时造船工艺水平已经大有提高，摆脱了单一的独木舟形制。

所以说坐船去邻国如本则是完全可能的。

东汉时期陆上丝绸之路曾经历了“三通三绝”的战事，其中一仗花去了“八十余亿”饷银仍无济于事。于是，在东汉中期，沟通罗马的海上丝绸之路已经发展成为两条。一条是从于永昌郡到掸国（今缅甸）出海。永昌郡治在不韦（今云南保山），是当时通往掸国、天竺大秦等国的贸易集散地。还有一条，是“徐闻、合浦道”。这条路顺海而舟，“桓帝延熹九年（166年），大秦王安敦遣使自日南徼外献象牙、犀角、玳瑁，始乃一通焉”。可见，中国与古罗马的海上往来是从“徐闻、合浦道”开始的。

要踏平太平洋上的狂风大浪，需要一种什么样的交通工具呢？

1985年，在广东一座东汉墓葬中出土了一只陶器船模型。它虽然看似不起眼，但却引起专家们的重视。船上面不但有上层建筑，而且出现了舱室。专家推测，这可能是一艘河海两用船只。为了验证这一推测，奥地利人类学者库诺•克诺伯尔按照原样复制了这条船。然后驾驶这条船从广州出海，沿着太平洋黑潮海流做了一次实验，在太平洋中航行了 3 000 多海里，到达阿拉斯加沿海。这又一次让人浮想联翩，也许就是搭乘这样的船，166 年，也就是东汉延熹九年，罗马帝国执政者马可 • 奥勒留派出的使节来到了中国。据此学者推测，这正是东西方海上通航的“流动起点”。

话说回来，克诺伯尔敢于冒这样大的风险，是因为他深谙航海，看出了门道。这艘船的与众不同之处在于，在甲板以下部位有 8 道横梁，这些横梁既能支撑甲板，又可以增强船只的横向强度，突出了早期木板船上支撑肋骨的设置，彰显中国帆船的独特构造。可以说，是中国人给他上了最大的人身保险，他才敢于铤而走险。

但是，如果汉代船舶仅此而已，那么汉一代的航海辉煌也就没什么可值得骄傲的了。

“泛楼船兮济汾河，横中流兮扬素波。”这是汉武帝 7 次巡海后，船行汾河之上的即兴之作。对此，《汉书》上说，武帝在汾河的大型楼船上设国宴招待各方使节。楼船之上，载歌载舞，山珍海味。这一场面让许多国外客人大开眼界。通过这样的描写，可以看出当时的楼船之巨，稳定性之优，结构之牢靠，都属于举世无双。那么，楼船到底是个什么样呢？

《太平御览》上说，汉武帝曾经在京城长安打造了一艘可以乘万人的豫章大船。不过据《酉阳杂俎》，万人是个虚数，此船可乘千人。不过万人也罢，千人也罢，都已经堪称奇迹，相当于今天航空母舰的舰员编制。

叫豫章大船，无疑是有上层建筑的巨型楼船。汉刘熙在《释名》一书中对船作了详细介绍，在豫章大船的甲板之上是第二层建筑，建筑物的名称叫“庐”；上面是第三层，叫作“飞庐”；第四层叫作“爵室”。在这里，“爵”同“雀”，人居爵室犹如鸟雀在巢，可向外警戒，此为斥堠之用。当时，中国在船舶设计上已经采用了“侧舷弯曲，衡量宽大的角楼式原则”工艺，这种制造技术欧洲直到 1892 年才得以初步掌握。在欧洲还使用无上层建筑的小船往来于地中海的时代，正是依靠这样庞大的楼船，中国商队已经横跨印度洋，用绚烂的丝绸将亚欧两岸联系起来了。

大唐能够早于欧洲 700 年进入成熟的封建社会，凭借的是全面开放的国策。昔日尘封的宫门敞开后，阳光和春风吹过中原大地，滋润民心，顺应民意。以当时京城长安为例，人口超过百万，四方珍奇，皆所积集，成为东西方经济、文化交流的中心。对外贸易往来的国家扩大至天竺、波斯、拂菻（拜占庭）、阿拉伯、日本、朝鲜、林邑，真腊等数十个。凡出口商品，全被冠以“中国”二字，如“中国红”（红茶）、“中国铜”等，享誉世界。海外贸易已经是支撑大唐经济的顶梁柱。

唐代开辟了亚非海上航线，这条航线从广东出发，经今南洋、斯里兰卡、印度西岸到达忽鲁谟斯的乌剌，由东向西全程 90 余天。然后从乌剌出发向西航行 48 天，就到达了今东非坦桑尼亚的达累斯萨拉姆。

除了上述航线，还有至日本海上航线多条，北线有从登州至高丽渤海航线、文登至难波航线、南岛航线。南路航线有毛口崴航线，从明州出发航线。还有至堪察加的航线。这一时期 200 多年间，日本曾经 15 次派出遣唐使、留学生、学问僧 3 000 多名来中国学习经学、佛学、医学、文学艺术、建筑、天文历法等。中国也 7 次派遣使者前往日本进行互访。鉴真和尚受日本僧人邀请赴日讲学，5 次东渡都告失败，第六次才抵达日本，可见海上航行之艰难和中华民族对外的一片诚意。

这一时期还出现了中国古代“四大名港”：广州港、扬州港、明州港和泉州港。

有这样辉煌的国业、辉煌的航线、辉煌的成就，注定有辉煌的船舶出现。当年航行在丝绸之路上的船舶主要是一种叫做“唐舶”的大船。只有这样坚固、安全又装载量大的船只，才能赢得外商的信赖。唐舶长 20 丈，可乘 700 人，货万斛，船体两侧有大檄，结合龙骨，加强了纵向的强度。水密舱数也增多，加强横向强度的同时，增加了抗沉性。

还有一种远洋巨轮叫作“木兰舟”。“帆若垂天之云，柂长数丈，一舟数百人”。“盖其舟大载重，不忧巨浪而忧浅水也。”“言舟之大者，莫木兰若也。”（《岭外代答》）这种船只的优势在于舵，是用广西钦州出产的乌婪木制成，这种木头纹理坚密，舵长五丈，“虽有恶风怒涛，截然不动。如以一丝引千钧于山岳震颓之地，真凌波之至宝也”。这种大船航行至波斯湾只能泊于今伊朗南部的土拉夫港，然后把货转到小船上，进入幼发拉底河口。不过，由于唐舶安全，来中国的阿拉伯商人宁肯囤积货等待唐舶转运，而后回国时乘木兰舟到南印度，再换乘阿拉伯小船。

对海上文化线路的研究，可以体现我国昔日造船技术的发展与进步。

（四）“海上文化线路”的兴衰体现中国治国理政政策的转变与国力强弱的关系，体现重视海洋的极端重要性

大元帝国虽然存世不足百年，但正是凭借着发展海洋事业，才得以气贯长

虹，兴旺发达，叫人不能不赞叹这是对本民族深刻反省的结果。当时，在陆地上功成名就后，在海外经贸、海上军事、河海漕运以及造船业方面，统治者们丝毫不敢懈怠，拿出马背上的勇气和气魄，开始续写海洋篇章，其成就竟然超过汉人所创造的水平。

刀枪入库以后，朝廷与海外发生贸易关系的国家逐渐增多，从数量上讲，比起宋代的50余个国家，增加了一倍多。据大德《南海志》统计，共有140余个。海上主要航线发展为了四条。

（1）从元大都经运河至黄河入海，向东可以航达今天朝鲜的开城。还可以从杭州等地沿海北上至登州，再向东北到达开城，然后再去日本国。

（2）从庆元，也就是今宁波、上海等港口出海去日本。

（3）从泉州或者广州向西南航行到今越南河内，然后去加里曼丹岛，再往东到达今菲律宾。或者从加里曼丹南行，到达今印度尼西亚的泗水。

（4）海上丝绸之路。从泉州或者广东出发，经过今泰国曼谷、马来西亚、新加坡、印度尼西亚，再转向西南，到马尔代夫群岛。或者从今斯里兰卡经过印度南部往西，到波斯湾名港忽里模子，再由此向西经过阿曼佐法儿，向西进入亚丁湾的麦加，再向西到开罗。或者从佐法儿南行到达今东非的索马里、坦桑尼亚，直至马达加斯加。从这条路线上可以看出，元代丝绸之路已经有所拓展，密如蛛网，覆盖了亚、非两大洲主要的贸易站点。

海上丝绸之路作为元朝经济大动脉，直接影响到国家在亚、非、欧三大洲的形象。元代外交政策怀柔善交，与中世纪末欧洲人有着本质的不同。欧洲海上贸易还带有原始资本积累的性质，表现出来的是大肆殖民掠夺；元人则是通过海上往来广交天下，增进友谊。以元大都为例，随着对外交往深入，京城里友好氛围盛极一时，不单八方外商云集，还有各国使节、传教士、艺术家、旅行者、手工艺匠人，可谓济济一堂。其中包括后来名扬天下的马可·波罗和摩洛哥的伊本·拔图塔。他们往返都是通过航海方式，让人感到“之万里者，如出邻家”。同样的情形也复制在许多港口城市。阿拉伯旅行家苏莱曼后来在书中记述：仅广州一地，旅居于此的阿拉伯商人就超过了12万。原产于印度和中亚一带的棉花开始在中国境内大面积种植。原产于中国的柑橘被移植到了欧洲，产于非洲的西瓜搬上了中国人的餐桌。广东出现了种植800棵柠檬树的果园。1313年，在波斯出版了第一部中医名著。中国人发明的纸币也开始在阿拉伯世界流通。元朝出现了一个空前民族大融合、欣欣向荣的繁荣局面。同时，以点带面，也推动了全球化的人类大融合。

元世祖忽必烈还亲自下诏书，先后12次派出使节前往东南亚、印度和中东各地招商引资，宣称：“诸藩国列居东南岛屿者……诚能来朝，朕将宠礼之。其往来互市，各从所欲。”这一时期就连意大利人马可•波罗也成为他的商务代表，带领船队出使越南、印度尼西亚、斯里兰卡和印度，还代表中国签订下文件。

出于更直接地打通欧洲市场，不再远距离绕道南方伊斯兰国家的考虑，朝廷还鼓励外国人在帝国边缘黑海沿岸建立起贸易站点。早在成吉思汗二十一年（1226年），他们批准了热那亚人维持克里米亚的贸易站卡法，正式在顿河口设立了塔纳站点。这样，蒙古帝国就兼做起“蒙古公司”。这之前1 000年，中国的工艺和科技一直处于世界领先地位，现在借助元人所缔造的世界体系，这些资源优势源源不断地流向欧洲，有效地推动了人类向前发展的进程。

大元帝国以自己的丰功伟绩告诉后人，若要生存就必须学习生存，面对生存，海洋比草原更加至关重要。

海上丝绸之路见证了封建帝国的繁盛，同样见证了封建帝国的衰亡。

大明帝国200多年与海洋之间的恩恩怨怨，两个字便可概括——海禁。

在这期间，无论是名流千史的郑和下西洋，还是英雄落泊的“海上王国”首领郑芝龙、收复台湾的民族英雄郑成功；无论是一意孤行设立海禁令的太祖朱元璋，还是心怀叵测打开海禁令的朱棣；无论是被逼无奈的沿海渔民勾结倭寇对抗政府，还是临危受命的抗倭英雄戚继光、俞大猷；无论是扼腕叹息一个海上强国背朝大海渐行渐远，还是眼睁睁地看着西方列强践踏中华家园如出入自家门口……所有的纠葛都离不开刻骨铭心那两个字：海禁。

海禁，就是禁止利用海洋当作交通贸易和人员往来的通道与海外进行沟通联系。海禁实施后，沿海岛屿统治基本失控。以沿海岛屿为支撑的大片海洋国土也失控，等于让出了国家海洋利益。本来从事海上运输、海上贸易的一部分人不能公开活动，开始内外勾结，私下进行海外贸易，实质上就是海盗。中国的海盗，历史上总是和海上走私联系在一起，这也是“官逼民反，民不得不反”的结果。迁徙中还有一部分人，在失去了土地耕耘后无所事事，变成大陆社会上不稳定因素，构成了对明代海防的潜在威胁。他们被叫作“假倭”，意思就是与倭寇沆瀣一气。

当时沿海的倭匪气焰十分猖獗，他们来自日本，是一群浪人和武士，行径酷似今天的海盗。不同的是，海盗抢劫后有自己的家园，而倭寇无家可归。当时倭寇渐成大势，“进长江，出入太湖，至常熟、无锡”，多时达到两万余众。真倭，就是日本人。而假倭，是国内异己力量，逼良为娼的中国人。明唐枢云：“寇与商同为人也，市通则寇转而为商，市禁则商转而为寇。”明霍与瑕《霍勉斋集》记载，那些因“官司之所累，征役之所穷，富豪之所侵，债负之所折”而生活没有着落的人，开始下海劫掠为生，逐渐发展成大型武装集团。嘉靖年间（1507—1566年）的海洋大盗汪直，原是上海一带的经纪人，因海禁难以获利来到海上，与葡萄牙人、荷兰人勾结成为沿海匪首之一。他在朝廷招降时讲：“若贷罪许市，吾亦欲归耳。”

海禁的最为重要的后果，就是抑制了传统的海外贸易和海外捕捞业，造成海上商业船队开始萎缩，连带造船业也走下坡路，宏观上出现了海洋经济大踏步倒退的局面。郑和率领的浩浩荡荡的船队再也不见，取而代之的是海上一片狼烟、残阳如血。面对倭寇愈演愈烈的大规模入侵，朝廷曾经有将领上书，若要有效打击倭宠，最好的办法就是建立一支强大的海军，在海上就把倭寇拦住消灭掉。然而，朝廷却当做了耳旁风，墨守成规，抗倭策略仍放弃海战，只在沿海陆地设防，从而也就进入了一个“剪不断，理还乱”的被迫对抗局面。

进入清代，禁令变得更加严厉。顺治八年（1651年），皇帝下令：“令宁波、温州、台州三府沿海居民内徒”。康熙十八年（1679年），再令驱赶福建沿海百姓内迁20里地。《清代通史》记载，强制性的迁海，“造成四省涉海之民，老弱转死沟壑，少壮者流离四方，盖不知几百万人，滨海数千里，无复人烟”。

这样做换来的是，暂时沉寂100多年的海面和清廷休养生息的机会。当时国力鼎盛，版图超越了历史上任何一个朝代。康熙六十一年（1722年），国内人口首次突破1亿。乾隆五十五年（1790年），这个数字猛增到3亿。史学家称这一时期为“康乾盛世”。社会学家则认为，盛世虽然改变了老百姓生活，但这只是封建社会的回光返照，结果是镇压了刚刚到来的新兴资本主义，错过了与外界共同发展的机会。借用思想家恩格斯一句话：“海航事业根本与封建制度格格不入。”这就是说，禁海本身就是遏制文明，资本主义是随着航海而发展起来的。

而由于海禁的实施，近代以来中国来自海上的入侵和压迫自不待言。

四、“海上文化线路”遗产保护的重要性

（一）保护国家海洋权益

“海上文化线路”遗产是中国维护国家主权和领土完整、保障国家海洋权益的事实依据。受“冷战”遗留的历史问题与冷战后现实冲突的影响，东亚地区国家矛盾交错，利益交织，尤其是西太平洋地区海洋地缘状况拥挤不堪。自2010年美国实施重返亚太战略以来，我国周边安全形势日趋严峻。尤其是《联合国海洋

法公约》生效以来，由于无论是在东海还是南海的不少岛屿与海域，都存在着外围国家与我国的海洋主权和相关权益争议。而作为环中国海海洋文化遗产的中心和主体的中国海洋文化遗产，在这些争议岛屿与海域都有广泛、大量的分布，因而充分认识和重视这些中国海洋文化遗产在这些岛屿和海域中的历史"先占性"和长期拥有性，对于维护我国国家主权和领土完整、保障国家海洋权益具有不可替代的价值意义。事实上，我国学者和我国政府已经为此做出了不懈努力，但由于对这些遗产的发掘和掌握尚不充分，加之思维空间尚未放开，理念模式尚多局限，对这些遗产的价值的利用与发挥尚不到位。例如中日钓鱼岛之争，如果我国将历史上的中琉封贡海路作为中国的"海上文化线路"遗产加以申遗和保护，或可改变与日"只争一岛"的局限；中越北部湾划界，如果将中国沿海渔民所有的传统渔场——这是中国沿海渔民和海洋捕捞业的生命线——作为"历史水域"加以管理保护，北部湾中国沿海渔民或即不至于大量"失海""失渔"；对南沙群岛，如果我国政府对该群岛及附近海域水上水下文化遗产实施保护，或可改变周边国家与我国的争端局面。所以，保护以中国海洋文化遗产为主体的环中国海海洋文化遗产，对于维护我国国家主权和领土完整、保障国家海洋权益和我国沿海社会的生存与发展权利，对于国计民生，都具有不可低估的重大价值。

"海上丝绸之路"还可视为中国长期以来海权与陆权之争出现战略变化的一种迹象。中国虽是一个海陆大国，但却是一个海权的小国，长期以来我国偏重于陆权，对海权与海洋权益是不够重视的。而海洋将是人类社会来来发展的最重要资源，尤其自 1982 年《联合国海洋法公约》生效以来，世界各国都加强了对海洋权益的重视与维护，我们国家也越来越意识到这一点。"海上丝绸之路"的提出就是一个重要信号，它说明中国将更加重视海洋，更加重视海权与海洋权益的维护。

（二）增加国家海洋文化底蕴，突出海洋特色

美国前国务卿赖斯在一次外交演讲中指出，一个大国要不仅能生产丰富的物质产品，还必须能生产丰富的精神产品，二者缺一都不是世界大国。这里的"精神产品"所指的内涵很丰富，但价值观与话语仅是很重要的方面。不可否认，中国已是世界物质产品的生产大国，但我们还不是精神产品的大国，我们的国际话语权还不够强大。新一届中央领导集体越来越重视国际话语权的建设，"中国梦""新型大国关系""命运共同体""新义利观"等概念的提出，都表明了中国要发出不同于西方的声音，要让国际社会看到更多"中国的点子"。

“海上文化路线”遗产是彰显中国不但是世界上历史最为悠久的内陆大国，同时也是世界上历史最为悠久的海洋大国的整体历史见证，是揭示长期以来被遮蔽、被误读、被扭曲的中国海洋文明历史、重塑中国历史观的“现实存在”的事实基础。

长期以来，人们一提中国传统文化，认为就是内陆农耕文化，国人大多对中国的海洋文明历史重视不够，尤其是近代以来在知识界“拿来”西方“精英”理论作为“经典”并长期占据教科书话语权的影响下（如黑格尔《历史哲学》，其中就阐述了只有西方文化才是海洋文化、中国没有海洋文化的“高论”），“西方文化是海洋文化”而“中国文化是农耕文化”，“海洋文化开放开拓开明先进”而“农耕文化保守封闭愚昧落后”，几乎成为国人的“共识”，从而导致国人往往对于中国自己的历史和文化有一种“己不如人”的自卑心态和自残意识，动辄对自己的历史和文化口诛笔伐，自我矮化、自惭形秽。尽管多年来中央一直将弘扬中国传统文化纳入国家战略决策，理论战线也不断加以阐述和倡导；但对中国传统文化中的海洋文化内涵，还强调得不多，重视得不够，还没有形成国民的海洋文化主体自觉。

中国海上文化线路绵延 2 000 多年，形成于秦汉时期，发展于三国至隋朝时期，繁荣于唐宋时期，转变于明清时期，是已知的世界上最为古老的海上航线，是联系亚洲、非洲和欧洲的商业贸易路线，是古代中国与外国交通贸易和文化交往的海上交通走廊。这种经济的共赢，不同文明之间的碰撞，以及相关国家的和睦交流，都是通过和平的航海贸易带来的。这与近代西方海洋文化中的侵略性和扩张性是不同的。可以说，中国海上文化线路是古老的中华文明对人类和谐美好精神的贡献，它体现的价值内涵主要包括：互联互通、开放包容、合作共赢、命运共同。这些思想也正是中国政府所提的面向 21 世纪的海上丝绸之路要秉承的价值观念与国际规范。有影响力的国际话语与规范，往往有悠长的历史传承与积淀。“中国海上文化线路”2 000 年，似涓涓细流，绵延不断，交流了商品，传播了文明，是一个有中国印迹的优质历史文化符号。

所以，“海上文化路线”遗产是弘扬中华传统文化，扭转长期以来被扭曲的中国海洋文明历史观念，增强国民对自己国家、民族文化整体的自豪感和自信心，进而促进中国当代海洋文化的健康发展和全面意义上的中国当代文化的发展繁荣的重要资源。中华海洋传统文化，是中华传统文化的有机构成。缺失了这一有机构成的中国传统文化的内涵是不完整的。要正视它的存在，重视它的价值，保护它、传承它，在当代条件下弘扬其精神、利用其价值、促进其发展。

（三）响应国家“海洋强国”战略

“海上文化路线”遗产是中国海洋发展国家战略中海洋文化发展战略的重要基础内涵。国家海洋战略包括海洋政治战略、海洋经济战略和海洋文化战略，细分包括对内和谐海洋、对外和平海洋秩序的构建，海洋防卫军事力量的加强，海洋权益的维护，海洋科技的创新，海洋环境的治理，海洋产业的发展，海洋文化资源（包括遗产资源）的保护和利用与当代海洋文化的创新繁荣等。

以中国海洋文化遗产为中心和主体的环中国海海洋文化遗产，不仅蕴藏分布在环中国海“内侧”的中国沿海（岛屿和水下），而且广泛分布在环中国海“外侧”亦即“外围”的东北亚与东南亚国家和地区。在这些国家和地区广泛、大量分布蕴藏的具有中国文化属性的海洋文化遗产，总体上彰显的是中国文化作为和谐、和平、与邻为伴、与邻为善的礼仪之邦文化的基本内涵，见证着这些国家和地区的人民的祖先与中国本土友好交往交流，长期进行政治、经济、文化互动，构建和维护着东亚和平秩序的悠久历史。历史不应被忘记，历史会昭示后人。其中，海洋文化遗产资源的保护与利用，其意义不仅在于对增强民族海洋意识、强化国家海洋历史与文化认同、提高国民建设海洋强国的历史自豪感和文化自信心、发展繁荣当代海洋文化、对内构建海洋和谐社会、建设海洋生态文明的意义，还在于在很大程度上，它对于国家对外构建海洋和平秩序的战略价值。对于今天的东亚乃至整个世界的海洋和平秩序构建，是最具基础性、真实性、形象性，最具说服力因而最具启发性和感召力的“教科书”。

（四）见证古代中国辉煌，增强实现伟大中国梦的决心和勇气

中国通过航海活动所形成的海洋文化遗产，主要是呈“线性”的“海上文化线路”遗产，一端是海洋的此岸，另一端是海洋的彼岸。因此，中国海洋文化遗产的空间范围，不仅包括环中国海的内缘的海洋文化遗产，而且也包括环中国海外缘的海洋文化遗产。中国海洋文化遗产就是中华民族在与海外民族跨海互动中作为文化主体利用海洋所创造和积淀下来的文化存在。这种环中国海中外之间的政治互动、经济互连、文化互通，都是通过长期历史上一直梯航不断的中外海上往来实现的。而毋容置疑的是，这种长期历史上中外之间的政治互动、经济互连、文化互通，一方面从质（内涵性质）上都是以中国大陆历代中原政权为主导、按照中国大陆历代中原政权的对外经略政策和中外宗藩体制及其朝贡制度而施

行的;另一方面,由于环中国海长期历史上的中外航海一直以中国为“轴心”。由于中国作为一个历史悠久的统一大国,拥有漫长的海岸线、遍布沿海的港口和辽阔的幅员腹地,因此从量(无论是历时的还是共时的)而言,中外航海文化的主体是中国航海文化,以此为主要构成的中外线性海洋文化遗产,即“海上文化线路”遗产,主体上也是中国海洋文化遗产。也就是说,环中国海海洋文化历史的中心是中国,环中国海海洋文化遗产的主体属于中国。在这一环中国海海-陆空间内,在长期的历史时期,中国一直是最大的内陆文明大国和海洋文明大国,一直对环中国海外缘周边国家产生着巨大的辐射影响力,并由此不但在政治上构成了历史上东亚世界直到近代才解体的以中国政治为中心的庞大的中外朝贡政体;而且也在文化上形成了环中国海以中国文化为中心的庞大的“中国文化圈”(亦称为“汉文化圈”或“儒家文化圈”),在经济上形成了环中国海(并由此连通了“环印度洋”和“环地中海”)以中国经济为中心、以中国商品为大宗的庞大的中外海上文化线路贸易网络。

中国自古以来就是海内外交流的中心,这位我们实现中华民族伟大复兴的中国梦提供了民族自信和历史文化自信。只有这样的全面、整体意义上地弘扬中华传统文化的国家战略,才会带来中华文化全面、整体的复兴和繁荣;揭示和彰显中国作为世界上历史最为悠久的海洋大国的丰厚海洋文化积淀;提升国民的海洋文化主体意识;重塑国人的中国历史观和中国文化观,包括海洋史观和海洋文化观;为促进中国文化包括海洋文化全面发展繁荣提供历史的和文化的认同基础,从而服务于国家文化战略和海洋战略。

(五)为史学家和考古学家提供了解历史的宝贵信息

水下文化遗产所具有的考古价值和历史价值是显而易见的。对考古学家和历史学家而言,水下文化遗产是重要的非文献性证据,见证了人类社会的发展和经济进步。由于所处环境特殊,外来的干预很少,这些沉船、遗址保存的相对完好,能够给史学家和考古学家提供大量可靠的宝贵信息,可以由此推断出当时社会的商业和贸易往来路线和状况,船舶的建造技术以及人们的生活方式等等。一来可以验证从陆上的遗址遗迹中获取的信息,更重要的是,有些信息很难从陆上的遗址遗迹中获取。比如,在我国山东元朝战船沉址发现的一艘最长古代沉船,对于研究古代战船的形态与结构提供了翔实的资料,战舰上发现含的物品(铁剑、铁炮、铁铳、铁炮弹、灰弹瓶等武器,和龙泉青瓷碗、高足杯、草席、滑轮等器具和用具)成为复原和研究中国古代海军兵器组成与舰上军事生活的重要资料。① 所以,通过立法保护“海上文化线路”遗产,可以为考古学家和史学家提供更多完整的了解历史的依据。

五、“海上文化线路”遗产面临的危机

简单来说,“海上文化线路”遗产主要是通过航海活动所形成的海洋文化遗产。从实物角度来讲,“海上文化线路”遗产主要包括两类:一类是人类为航海提供便利而在海洋历史过程中通过人工技术创造的物品或者建筑,如航具、渔具、港口、船舶、庙宇、灯塔等物质文化遗产;另一类是人们在航海过程中由于与海洋自然物发生了联系,而有意或无意赋予其文化内涵的景观,如岛屿、海滩、海岸等。

中国是一个具有5 000年文明史的文明古国,也是一个海洋大国,拥有漫长的海岸线以及广阔的领海和管辖海域,航海历史悠久,对外贸易发达,在长达数千年的传统历史上,中国与其他国家在政治联结、文化传播、经济贸易等各方面的交流与合作,都是通过长期梯航不断的海上文化线路来实现的。

航海的目的在于载人载物,在中国悠久的航海历史上,中国把大量的丝绸、茶叶、陶瓷等中国商品通过海上文化线路源源不断地运往国外;而外国也把自己的象牙、琉璃等物品通过一条条海上文化线路运来中国。由于海洋环境复杂多变,加之航海技术有待提高,所以航海过程从来都不是一帆风顺的,难免会造成意外,发生海难。倾覆于海底的沉船和船上的货物也就形成了“海上文化线路”遗产中的一部分。在中国领海、内水和管辖海域沉睡着大量各类文物,它们是中国文化遗产的重要组成部分,仅在我国沿海海岸一带,就有超过2 000艘的沉船,反映了古时海上文化线路的兴盛与海洋文化的繁荣。而这些水下文化遗产由于难以打捞故而显得弥足珍贵。例如“南海Ⅰ号”就被称为“海上敦煌”。这艘宋代古船是迄今为止世界上发现的海上沉船中年代最早、船体最大、保存最完整的远洋贸易商船,船舱内的文物数以10万件计。而海上文化线路沿途所经过的海岸、港口、航道、岛屿、码头、灯塔、庙宇等才是更为大量、更为丰富的“海上文化线路”遗产。

这些丰富而又珍贵的“海上文化线路”遗产,昭示着中国昔日世界强国的地位和经略海洋的胸怀,为我们了解自己的海洋文化,增强我们的海洋文化自信

① 吴春明. 环中国海沉船——古代帆船、船技与船货[M]. 南昌:江西高校出版社,2003:6-7.

提供着弥足珍贵的材料和证据，同时这些海洋遗产也具有主权宣示的政治和法律意义，所以它们早已超出历史文物的单一价值，都应该为现代人悉心保护和照料。但令人担忧的是，这些珍贵的“海上文化线路”遗产的生存状况正面临着来自多方面的威胁、破坏乃至大量毁灭。

（一）来自沿海城市建设的破坏

我国沿海城市是最先对外开放、城市和经济发展最快现代化程度相对较高的地区，但同时也是对“海上文化线路”遗产破坏最直接、最严重的地区。滨海城区的不断扩展、城市规划的不断翻新、旧城改造的轮番上演、向海滩要地的围海造地、向海湾要地的炼油化工，以及以陆源污染为主的海洋污染和海洋沉积，不但对海滨海岸的港口遗产、海湾航道遗产、涉海建筑遗产、水下文化遗产等造成了严重的毁坏和侵蚀，也对海洋社会信仰、海洋社会艺术以及海洋社会风俗等的传承造成了危害。

尤其是对于在重大工程建设之前，不少工程企业为了抢赶工程进度，或者抢占海域，并不在意有没有摸清当地海洋文化遗产家底，有没有进行环境评价而肆意进行施工挖掘。即便是在建设过程中发现了历史文化遗产却故意不上报，甚至故意将其摧毁荡平，故意掩埋，破坏海洋文化遗产，然后继续进行工程建设。例如，1995 年，广东汕头广澳港建设中，曾发现了一艘郑成功古船。水下考古专业人员立即进行了水下的勘察定位。但不久，由于当地政府没有采取保护，使这个已经定位了的遗址又失踪了。这种明目张胆地不惜牺牲历史遗产也要顾及眼前利益的行为在中国屡见不鲜。这样的事情，人们根本无法衡量在大规模的城市化建设中，中国到底损失了多少弥足珍贵的历史文化遗产，又有多少海洋文化遗产还没有被人发现就已经永远地埋葬于新兴的建筑群底下。

（二）渔民或盗宝组织的非法打捞

数千年来，我国历史上往来于中外的商船穿梭不断，由于各种原因（海难、海盗等）沉没于近海和深海中的古船不计其数。据统计，仅在中国南海海域的沉船就不少于 2 000 艘。另外还有随古船一起沉入海底，并“生存”下来的货物，它们都是中国航海史的见证，承载着难以估量的历史文化信息。但这些水下宝物，长期以来不是有被盗窃、被破坏、被变卖的事情发生。

例如，1985 年，定居澳大利亚的荷兰职业寻宝人迈克·哈彻在中国南海海域盗捞清乾隆年间，名为“盖尔德麻尔森”号的沉船，从船上获得 15 万件“南京船货"、青花瓷器和上百块金锭。他在荷兰阿姆斯特丹拍卖了其中的 3 000 件瓷器，获得 3 700 万荷兰盾，震惊了世界考古界，也使他名扬海洋寻宝界。也正是这一事件，直接导致中国政府开始重视水下考古活动与水下文化遗产的保护。

我国沿海的一些渔民为攫取水下文化遗产的经济利益，也会非法打捞沉船沉物。由于缺乏打捞工具、经验，尤其是保护意识，经常会对沉船沉物造成毁灭性破坏。我国在勘察"碗礁Ⅰ号"时，勘察船甚至无法接近沉船海面，那周围布满了 20 多艘哄抢文物的渔船。这些人为了捞到宝贝，甚至用土炸药炸开沉船。这不管是对海洋文化遗产，还是对海洋环境，都是灭顶之灾。更加猖獗的是，对海洋文化遗产非法打捞公司化运营。《国际先驱导报》2006 年 11 月 1 日曾经报道："据了解，为了获得更大的利润，非法打捞活动开始出现组织化、公司化趋向，盗捞者加大资金投入，结成暂时性的'股份公司'，潜水员利用潜水技术和设备入股，按股分红。"

由于政府组织的或经文物部门批准的正规打捞行动一直较少，对岸上，尤其是水下文化遗产的存在状况，并不全盘掌握。这种非法打捞的民间行为如果得不到彻底治理，那么海洋文化遗产，尤其是水下文化遗产受到的威胁和毁灭将无法估量。

（三）来自旅游业的破坏

海洋旅游业主要包括海滨、海岸、近海景观景点旅游（远洋旅游目前尚不广泛），而正是这些海滨、海岸上和近海中的旅游观光景区景点，往往就是海洋历史文化遗产的组成部分。一些沿海地方的旅游部门、旅游企业为"吸引"游客而肆意改造、"重建"海洋文化遗产景观，造成了对遗产本身乃至其生态的肆意侵略甚至严重破坏。

现代人越来越对旅游品质提出更高的要求。在城市中，现代化的大楼比比皆是，很多地方的建筑甚至雷同，或者毫无特色可言。所以，人们在旅游中就越来越关注当地特色，当然包括文化特色。沿海城市的一大旅游特色即是海洋，而海洋文化遗产、海洋自然景观就成了当地旅游业最不需要研制开发、生产制造，经济成本最低但是旅游看点最大的旅游特色项目。尤其是那些政府关注度高、舍得下大本钱保护的重点文物保护单位，其旅游价值就越高。但当大量的游客群不惜花重金（门票）涌入这些遗产地的时候，这些重点文物保护单位，甚至是世界文化遗产就开始受到了人为的污染和破坏，丧失了其原真性和完整性。而当地政府为了迎合游客的口味肆意改扩建原有的文化遗产，则使得这些珍贵的遗产丧失了其应有的历史价值和文化价值。长此以往，不但破坏了本地的遗产资源，更会在整体上危机地区、民族，甚至国家的历史文化传统。

（四）来自其他国家的蓄意破坏

自《联合国海洋法公约》生效以来所导致的某些国家间的海洋主权和相关权益的争议，使得“海上文化线路”遗产的整体保护和申遗变得更加困难。在中国，无论是在东海还是南海的不少岛屿与海域，自《联合国海洋法公约》生效以来，都存在着外围国家与我国海洋主权和相关权益的争议，而“海上文化线路”遗产在这些争议的岛屿和海域都有广泛、大量的分布。这些岛屿和海域大多已被周边国家和地区实际控制，它们一方面作为政府行为，为了“证明”其“主权”和其他“利益”的归属及其“存在”，遮蔽中国海洋文化遗产的历史存在，故意破坏、铲除具有中国属性的海洋文化遗产，建筑它们自己的现代海洋设施，或改头换面为他们自己的海洋遗产，从而导致了我国海洋文化遗产的毁灭。

（五）来自全球气候变暖的危害

全球性气候变化带来的海平面上升和海洋灾害频发所导致的海洋文化遗产被淹没、侵蚀等慢性蚕食与突发灾难性破坏。这对海滨海岸文化遗产造成的威胁尤大尤多。我国目前海洋部门和海洋科学界对海洋环境所进行的研究监测与技术治理，尚未顾及对海洋文化遗产的保护。

（六）来自政府对海洋文化遗产管理不全面的危害

对海洋文化遗产的保护，我国颁布了《中华人民共和国水下文物保护管理条例》等文件，也在一些沿海城市设立了水下文化遗产保护基地。虽然对水下文化遗产的保护起到了良好的作用，但是这种单一重视水下文化遗产保护而忽视岸上海洋文化遗产保护，不但割裂了水下文化遗产与海域、岛屿、海岸和海底环境资源的综合性一体化保护；而且由于主要注重于水下文物如沉船船货的“点”的和静态的保护，割裂了一个个“点”之间的“线”与“面”的有机的整体内在联系，不利于对此类文化遗产进行整体意义上的保护与传承利用。

同时，我国政府在海洋文化遗产保护方面的工作存在条块分割，管理不善的状况。由于我国文化遗产整体理论、整体观念缺失，所以我国对物质文化遗产和非物质文化遗产的管理是分头进行的。即文物部门只管物质文化遗产，而文化部门单管非物质文化遗产。文化部门几乎对文物遗迹遗址等物质遗产不加过问，而文物部门则几乎对附着在文物上、作为文物自身内涵的非物质遗产也不越权。因此对本是一种海洋文化遗产，比如对妈祖文化遗产，就呈现为文物部门只管妈祖庙宇，而对以妈祖庙宇为载体、与妈祖庙宇不可分割的妈祖庙会，则由文化部门或其他宣传部门来管——如同海洋局只管海水海域，而海水中的鱼虾则由农业部管，海水上的船由交通部管，海水的环境由环境部门管（或与环境部门分管），至于海水之上、之下的文化遗产则同样不管（不分管）。这都给海洋文化遗产的全面保护带来了不便和消极影响。

而对于水下文化遗产所遭受的各种人为侵害，我国目前也还缺乏完善的预防与惩戒机制。

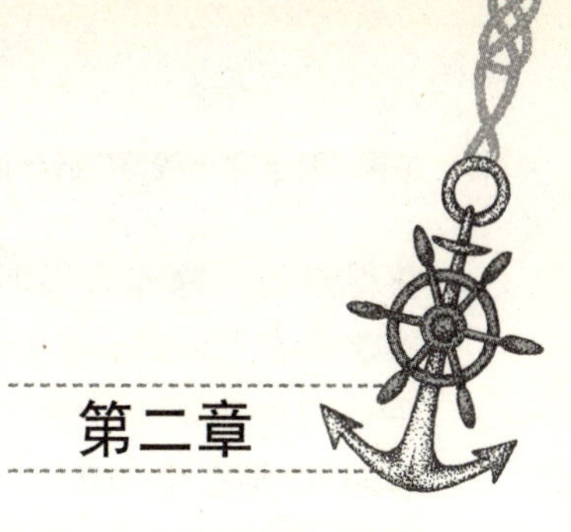

第二章

海洋文化遗产之于海洋环境资源系统的内在属性

第一节 “海上文化线路”遗产与海洋环境保护的内在契合

一、对人与自然关系的再认识

正确认识人与自然的关系及人类文化与自然的关系，是遗产保护事业健康发展的前提。在人与自然的关系上及人类文化与自然的关系上，毫无疑问，文化是为反抗自然而被创造出来的。文化和自然有冲突的一面。每一个有机体都不得不反抗其环境，而文化又强化了这种对抗。生活于文化中的人实现了对自然的统治。我们重新改变了地球，使之变成城市。但这个过程包含着某种辩证的真理：正题是自然，反题是文化，合题是生存于自然中的文化；这二者构成了一个家园，一个住所（“生态学”的希腊语词根 oikos 的含义就是住所）。人应以满意和感激的心情栖息于大自然中。在地球上，人应寻求对其环境的最佳适应。[①] 人需要栖身于某个环境中，这既是人的居住地，又是人进行价值创造的基地。没有一个充满资源的世界，没有生态系统，就不可能有人的生命。从哲学和伦理学的角度看，如果人对事物的评价不能超越他们自身的局限，那么人的生命远远没有达到他能够，也应该达到的境界。人不可能脱离他的环境而自由，而只能在他的环境中

① 罗尔斯顿．环境伦理学：大自然的价值以及人对大自然的义务［M］．杨通进译．北京：中国社会科学出版社，2000：108-110.

获得自由。除非人能时时地遵循大自然，否则将失去大自然的许多精美绝伦的馈赠并受到惩罚。他们将无法知晓自己是谁，身在何方。

正如克罗斯比所强调：“人是在一个罗马天主教徒或资本家或其他什么之前，首先是个生物体。”①因此，抛开自然环境而孤立存在的文化遗产不可能作为我们的现在所继承的历史遗产。在现代，对于环境的保护，促使人们采取行动的动机已不再是简单地要对日渐减少的自然资源进行保护，而是对环境要素正在毁灭的担忧日益加深。即自然本身就是作为所谓的文化遗产的外在环境而存在，正是在此之上，人类的社会舞台才有了表演的可能。

自然的问题和文化的问题是紧密联系在一起的。今天地球上保存的文化多样性都源自其文明早期对于特定野生资源的利用和特定自然环境的适应。德国地理学家 C. 李特尔（C. Ritter）则在近代地理学中，最早阐述了人地关系和地理学的综合性、统一性，并奠定了人文地理学的基础。他主张地理学的研究对象是布满人的地表空间，“地球上，人类的每一个物质成就，不论是一间房屋、一个农庄或一个城镇，都代表着自然和人文因素的综合”；在组成地区特征的复合统一体中，自然和人文是不能分开的。②

文化和自然并蓄的观念是也中国文明的基本观念。自然美景曾经启迪政教领袖、哲人、诗人、艺术家和社会各界人士。这一点在这些遗产地的文化创造力上是有体现的。中国各族人民所信奉的祖先崇拜和万物有灵信仰，如今仍在贡献其力量，使崇尚自然和文化之风成为中国文明的精髓。泰山与华山就是很好的实例。保护世界自然与文化遗产，具有双重相关的重要性。一方面，保护和恢复多样的生态系统有助于保持文化的多样性；而另一方面，保护文化遗产的多样性有助于不同族群之间的相互沟通和理解，降低由于文化冲突所造成的对全球自然资源的破坏性风险。因此，两者是相辅相成的。从本质上说，遗产在保护着人类，保护遗产就是保护人类自身。

但世界文化和自然遗产近年的发展趋势使得人们逐渐认识到，在《公约》实施近 20 年后，人们发现名录失衡的程度已经非常严重了：在 1992 年 410 个遗产地中，文化遗产就占据了 304 个，而自然遗产地仅 90 处，混合遗产地 16 处，且大部分遗产地集中在欧洲。于是，1994 年，世界遗产委员会启动了一项全球战略以

① CROSBY W. The Columbian Exchange: Biological and Cultural Consequences of 1492[M]. New York: Greenwood Press, 1973: XXV.

② 李旭旦. 人文地理学概论 [M]. 北京：科学出版社. 1985: 12.

保证世界遗产名录的均衡性、代表性和可信度，使世界遗产名录能真正反映全球具有卓越普世价值的文化和自然多样性。世界遗产委员会希望扩展世界遗产的概念以便更好地全面反映世界文化和自然遗产的谱系，为实施 1972 年《公约》提供一个综合的框架和操作性方法体系。1994 年，世界遗产委员会召集了以“全球战略”为主题研究的专家会议，从此展开了庞大的全球战略，并延续至今。全球战略的效果显著，自启动以来，很多依据仔细研究得到的建议和决策都得以实施，名录失衡的问题正在这些具体的措施中得到修复。一些新的世界遗产类型也得到了推动，文化遗产的内涵和外延在要素、类型、空间、时代、性质、形态等各方面发生了的深刻变革。

（1）在遗产要素方面，由注重单一要素遗产向同时注重多要素集成遗产方向发展。这表现为：注重兼具文化和自然双重特征的遗产，即“复合遗产”（mixed heritage）；注重由文化要素与自然要素相互作用而形成的遗产，如“文化景观”（cultural landscape）；注重遗产中“物质要素”与“非物质要素”的结合，如自然遗产中的“圣山”（sacred mountain）、“圣湖”（sacred lake）等“圣地”（sacred site）类遗产。

（2）在遗产类型方面，由注重“静态遗产”（static heritage）向同时注重“活态遗产”（living heritage）方向发展。所谓“静态遗产”是指现已失去原初和历史过程中使用功能的遗产，如古迹、遗址等；所谓“活态遗产”或“动态遗产”是指现在仍保持着原初或历史过程中的使用功能的遗产，如历史城镇、村落等。一些活态遗产在国际遗产界往往又称为“生态博物馆”（ecological museum）。同时，对于静态遗产，由注重古迹、古建向同时注重“与人类有关的所有领域”发展，如欧美国家中反映人类工业革命与现代化进程的厂房、矿山、铁路等遗产。

（3）在遗产的空间尺度方面，由注重遗产单体向同时注重因历史和自然相关性而构成的遗产群体方向发展。这样，遗产的空间尺度由传统的“点”升级为“面”，由传统的“物”（object）升级为“地”（place）。这是“遗产地”（heritage site）概念、“系列遗产”（serial heritage）概念在国际遗产界日益受到重视的原因。并且，遗产的空间尺度还在向跨地区、跨国方向发展。①

国际上遗产概念内容的发展，证明文化与自然的界限越来越难以区分，人与自然的关系也被人们重新认识。世界遗产的保护历史也更好地说明了人对人类与自然关系的认识正在不断发展。

---

① 徐嵩龄. 第三国策：论中国文化与自然遗产保护［M］. 北京：科学出版社，2005：78.

长期以来，人类与自然之间在经济、文化和社会等因素的驱动下，产生了持续的交互影响，创造出延续性的关联状态。文化景观即是这一状态的表征与载体不同类型的文化景观，依托所处的自然环境，深刻地反映出人类与自然之间的和谐进化历程。所以，文化景观概念的出现，更能说明人与自然密不可分的关系及文化遗产和自然遗产的紧密联系。

文化景观的概念最早起源于16世纪欧洲的风景画，至20世纪初期，被德国地理学家施吕特尔（Otto Schluter）作为正式的术语引入学界。而对于这一概念起到最大推动作用的当属索尔（Carl O. Sauer），他定义文化景观为：“由文化群体在自然景观中创建的样式，文化是动因，自然是载体，文化景观是结果”，强调了自然与文化的互动。1962年12月，联合国教科文组织第12届会议在巴黎通过的《关于保护景观和遗址的风貌与特性的建议》，第一次提出了保护景观的目的，指出“保护景观和遗址的风貌与特征系指保存并在可能的情况下修复无论是自然的或人工的，具有文化或艺术价值，或构成典型自然景观的自然、乡村及城市景观和遗址的任何部分”。[①]

文化景观的概念在学术界被广泛地应用、发展、争论和重新定义，任何人与自然交互作用的结果都被称为文化景观，亦即所有人迹所至的地方都成为了文化景观，文化景观的概念变得泛化而模糊不清。但学术界的广泛关注最终促使这一概念走进了国际公约。1992年，《世界遗产公约》正式承认并开始保护文化景观。《申报世界遗产操作指南》（以下简称《指南》）对于文化景观遗产的分类与解释也在不断发展，最初，《指南》中将文化景观分为人类设计和创作的景观（landscape designed and created intentionally by man）和有机进化的景观（organically evolved landscape）2种。其后，又增加了第3种，即关联性文化景观（associative cultural landscape）。以意大利、德国、英国等为代表的欧洲各国，是相应文化景观申报最为积极的力量。在中国风景园林体系中，风景名胜区与古典园林是2种主要的文化景观遗产形式，其中风景名胜区文化景观大多与有机进化的景观和关联性文化景观相关，而古典园林则多与人类设计和创作的景观相关，它们在中国的文化景观中具有代表性。

世界遗产框架下的文化景观有了更为明确的限定条件，具有更强的针对性，因此在学界引发了极大的共鸣。广义上的文化景观即“自然与人联合的工程”，

---

① 联合国教科文组织．关于保护景观和遗址的风貌与特性的建议［G］// 国家文物局．国际文化遗产保护文件选编．北京：文物出版社，2007：47.

是"人类与大自然的共同杰作"。它们见证了人类社会和居住地在自然限制或自然环境的影响下随着时间的推移而产生的进化，它们也见证了外部和内部社会、经济和文化的发展力量。选择它们的依据包括它们突出的普遍价值和它们在特定地理文化区域中的代表性，还包括它们体现这些地区一般和特殊文化元素的能力。广义的文化景观一词包含了人类与其所在的自然环境之间的多种互动表现，通常能够反映持续性使用土地的特殊技术，反映了其所处自然环境的局限性和特点，以及与大自然特定的关系。文化景观代表着"自然与人联合的工程"，而后者包含但不限于狭义的文化景观。"自然与人联合的工程"反映了因物质条件的限制和/或自然环境带来的机遇，在一系列社会、经济和文化因素的内外作用下，人类社会和定居地的历史沿革。① 保护文化景观有利于将可持续性土地使用技术现代化或增加景观的自然价值。持续性的传统土地使用形式的存在，保持了世界大多数地区的生物多样性。因此，对传统文化景观的保护对保持生物多样性同样有效。

直到19世纪，美国才逐步认识到荒野是人类社区的组成部分美国联邦政府把一些迷人的自然景观划定为不准人们永久居住的保护区。1872年建立的黄石公园就是其中的首例。这是发展区域文化的一件大事，它第一次公开确认原始荒野是文明生活的摇篮，不能不顾后果地把自然环境仅仅用于经济开发，因为风景也是一种社会文化资源，也是一种生态资源。② 在城市景观方面，1858年，有美国景观之父之称的奥姆斯特德(F. L. Olmsted)和沃克斯(Calvert Vaux)在曼哈顿的核心地区设计了长2英里、宽0.5英里的城市公园，继而在全美掀起了城市公园运动。从19世纪60年代开始，一批景观设计师在美国各城市从生态的高度，实施将自然引入城市的设计。其中波士顿公园的系统设计，以河流、泥滩、荒草地所限定的自然空间为依据，在城市滨河地带形成2 000公顷的绿色空间，以线性空间连接城市公园，意在重构城市自然景观系统奥姆斯特德在《公园与城市扩建》一文中提出，城市要有足够的呼吸空间，要不断更新和为全体居民服务，并且归纳出城市绿地系统规划的主要原则，即以城市自然脉络为依托，使城市公园实现有机的联系。③

---

① UNESCO. Operational Guidelines for the Implementation of the World Heritage Convention[EB/OL]. (2012-12-01). http://whc. uneso. org/archive/opguide-12-en. pdf.

② 吴良镛. 人居环境科学导论[M]. 北京：中国建筑工业出版社，2001：25.

③ 叶玉瑶，张虹鸥，周春山，等. "生态导向"的城市空间结构研究综述[J]. 城市规划，2008(5)：71.

人们逐渐认识到文化景观的形成是一个长期的过程。每一个历史时期，人类都按照其文化标准对自然环境施加影响，并把它们加工成文化景观。特别强调人类与自然的相互关系和综合作用，这是景观价值的核心所在。它体现了古人在发展物质生产力的过程中，与自然之间的和谐相处，包含了古人生存智慧和美等哲学理念，属于我们今天倡导的生态文明理念的范畴。

19 世纪上半叶，德国地理学家 F. 拉采尔（F. Ratzel）最先系统地阐明文化景观的概念，他称之为历史景观。他在《人类地理学》一书中强调了种族、语言和宗教景观的研究以及文化传播的意义，并认为人的活动、发展和抱负受到地理环境的严格限制。F. 拉采尔指出历史景观是人类活动所造成的景观，它反映出文化体系的特征和一个地区的地理特征。他主张对田地、村落、城镇及道路等进行分类，以便了解其分布、相互联系和历史起源。1885 年，J. 委墨（J. Wimmer）在其《历史景观学》一书中提议，应把注意力集中于“景观”的全貌，提倡景观内涵的自然与人文意义的兼容并蓄。事实上，“文化景观”主要是指自然风光、田野、建筑、村落、厂矿、城市、交通工具和道路，以及人物和服饰等所构成的文化现象的复合体。乔丹（Jordan）指出：“文化景观是文化集团在其居住地域上所创造的人为景观。”H. J. 德伯里（H. J. de Blij）则认为：“文化景观包括人类对自然景观所有可辨认的改变，包括地球表面及生物圈的种种改变。”①

新的遗产类型的出现和扩大指定理念的推行及跨国遗产的增多还有文化景观概念的提出，更加证明人类逐渐认识到生态系统的重要性，不再纠结于国界和行政区域的划分，而开始尊重历史，尊重自然生态系统，以生态系统的边界为单位申报，对其进行综合的管理。

勒内·马厄在斯德哥尔摩会议开幕式讲话说得最好。他说：在遭受了长期分裂的，甚至是对抗性的研究和行动，自然和文化现在同时受到死亡的威胁，如果继续下去，不仅自然和文化会灭亡，跟它们共存的人类自身也一样，只有把自然和文化整合起来，人类才能生存下去。没有比这更好地表达出人类整合文化和自然两大基础的重要性了。《保护世界文化与自然遗产公约》迈出了第一步，也许仅仅是象征性的，却是不可争辩地走出了未来的方向。②

因此，保护遗产所要求的不只是认识人与人之间的关系，也不仅仅单纯认识给个人、制度提供舞台的生态系统。我们应认识到，人类本身既是自然的一部分，

---

① 吴必虎，刘筱娟. 中国景观史［M］. 上海：上海人民出版社，2004：3-4.

② M BATISSE, G BOLLA. The Invention of “World Heritage”: English version. Pairs: UNESCO, 2005.

又以其自我意识、自主行动的主体性而与自然相区别，与其外在自然具有相互关联依存的关系。中国丰富、多样的世界文化和自然遗产及其母体悠久博大的中华文化是有独特性的，但目前中国遗产保护界对“保护”概念的理解仍然停留在《威尼斯宪章》框架之下，还缺乏基于中国自身遗产特点和遗产事业使命所需要的保护理念。一般来说，遗产保护中的特色和特点，是每个国家都会遇到的。对于中国这样一个遗产大国，则更是如此。缺乏中国特点和特色的保护，不是真正有效的保护。[①] 具有中国特点和特色的保护，同时也是对国际遗产保护理论和实践的贡献。所以，我们应该通过对于人与自然关系的认识，而要求建立全面的、和谐的人与自然关系，并在此基础上更新保护观念，从而以一种扩大的综合生态管理方法实现对自然遗产和文化遗产及二者交织遗产的全面保护。

中国自古以来的“天人合一”思想，反映了“天-地-人”共生共存的整体观，乃至现代的生态文明理念所体现出的人与自然和谐，而中国遗产自身的特点——丰富多样，“文化-自然”水乳交融密不可分，也需要能体现生物多样性和文化多样性的生态文明理念的宏观指导。

二、天人合一——遗产保护与环境保护内在契合的思想基础

人与自然的关系即天人关系是中西哲学共同面对的问题。西方哲学强调“人是万物的尺度”“人是自然的立法者”和“知识就是力量”，把征服自然、战胜自然看作是人的主体性即其本质力量的表现。在这种“主客二分”“天人对立”的世界观指导下，科学技术得到了长足发展，而人类生存的环境也遭到了日益严重的破坏。中国哲学中虽然也有“制天命而用之”“天人交相胜”的思想，但不占主导地位。在中国哲学中占主导地位的是“天人合一”“民胞物与”“性天相通”“辅相参赞”等观念，人与自然不是一种疏离以致对立的关系，而是息息相关、相互依存、内在统一不可分离的。“天人合一”与“主客二分”“天人对立”是中西哲学观念的基本差别之一，这已是学术界的共识。

“天人合一”的思想起源于6 000年前还没有文字的伏羲氏时代。《易传•系辞下》记载：“古者包牺氏之王天下也，仰则观象于天，俯则观法于地，观鸟兽之文与地之宜，近取诸身，远取诸物，于是始作八卦，以通神明之德，以类万物之

① 徐嵩龄. 第三国策：论中国文化与自然遗产保护［M］. 北京：科学出版社，2005：44.

情。"这是说，远古时代伏羲氏当部落联盟领袖时，通过仰观天象，俯察地理，近取诸身，远取诸物，而创作了八卦，其目的就是要通过"类万物"来实现人与"神明"的沟通。而伏羲氏"仰观天象、俯察地理、近取诸身、远取诸物"的做法，已经是一种"天人合一"观念的反映。"八卦的每一卦都有一个卦体，每一卦的卦体都由三个线段所组成，每个线段有一个象征意义：上象征天，下象征地，中间象征人，称为'天地人三才'。"[①] 这是"天人合一"的最早的提法。

"天人合一"的思想起源于《周易》，这一思想既是中国哲学的主干，也是人生的理想和最高境界。中国传统哲学对天人关系问题的回答，多数哲学家都是主张"天人合一"的，或者说，这是一种占主导地位的观点，是中国传统社会的时代思潮。这一思想绵延数千年，是我国传统文化的精华与核心所在。正如胡伟希教授指出的："无论采取何种价值判断，几乎所有从事中国文化研究的学者都同意：'天人合一'是中国传统文化的核心观念，它可以是一种世界观和宇宙观，同时又是一种普遍的思维方式，而且代表一种人生值得追求的境界。"[②]法国哲学家史怀泽盛赞它"以奇迹般深刻的直觉思维"，体现了人类最高的生态智慧。[③]

今天在以主客二元对立的思维模式为特点的西方文化普遍受到质疑的情况下，"天人合一"式的东方思维正受到越来越多的关注。然而对"天人合一"的阐释却歧义纷呈，言人人殊。究其原因，不外乎是对"天"这一概念的理解不同而造成的。在中国古代儒家文化传统中，天就有多方面含义。朱熹曾说"天""要人自看得分晓，也有说苍苍者，也有说主宰者，也有单训理时"。看来，古代儒家是从不同角度、不同场合、以不同的目的言天的。

张岱年先生早在20世纪80年代就在《"天人合一"思想的剖析》一文中指出，中国古代哲学中所谓天，在不同的哲学家具有不同的含义。大致说来，所谓天有三种含义：一指最高主宰，二指大自然，三指最高原理。由于不同的哲学家所谓天的意义不同，他们所谓"天人合一"的含义也就不同。

古代天人关系，不仅包含人与自然的关系，还有人与理、帝、神等主宰性力量的关系，以及建立在这些基础上的社会伦理道德等内容。甚至单就儒家文化传统来说，天人关系的重点还应是后者，而不是人与自然的关系。即便在谈论人与自然关系的时候，也是在比附、应和社会伦理道德以及政治统治的需要。自然领域

---

① 余谋昌. 环境哲学：生态文明的理论基础［M］. 北京：中国环境科学出版社，2010：5.

② 胡伟希. 儒家生态学基本观念的现代阐释：从"人与自然"的关系看［J］. 孔子研究，2000（1）：6.

③ 史怀泽. 敬畏生命［M］. 陈泽环，译 . 上海：上海社会科学出版社，1995：125-127.

并不是儒家所关注的重点。就中国传统文化来说，天人关系论并不只是儒家所独有的。其实任何一种成熟的哲学系统都不可避免地构建自己的天人关系体系。作为中国传统文化的另一重要奠基者——道家，自然也不例外。然而，在面对道家的“天人合一”思想时大家似乎获得了一致，即天即自然，人属于自然万物的一部分，人应该归与大自然，亲近大自然。

不难看出，古人在“天人之辨”中，可谓唯物唯心，见仁见智，异彩纷呈。今天，我们自可不必加入到古人的玄辩之中。然而，却可以而且应当将古人庞杂的“天论”诸说，从总体概念上加以剥离和提纯，即“天”应当是泛指相对于“人”的天地万物，或者说是人类赖以生存的自然环境。这样，我们就可以把“天人关系”称之为“人与自然”的关系。也只有这样，我们才可以更深地体会这场千年哲辨的历史价值和“天人合一”论的博大精深。远在2 000多年前，我们的先人即已在着力追求“明天人之际，通古今之变”(司马迁)，并且鲜明地提出“天人合一”这样光辉的哲学命题，实在是难能可贵的。

季羡林先生曾明确地说:“东方哲学思想的基本点是‘天人合一’。什么叫‘天’？中国哲学史上解释很多。我个人认为，‘天’就是大自然，而‘人’就是人类。天人合一就是人与大自然的合一。”①他认为西方的天人对立思想已经引发出了威胁着人类生存与发展的严重的生态危机，在今天，只有东方的“天人合一”思想方能拯救人类。

虽然中国传统哲学中所讲的“天”有各种含义，但从环境问题看，其最根本的涵义就是人与自然的和谐统一。人是自然界的一部分，这是儒家自然观的基本思想。在儒家学者看来，人与自然理应和谐相处，而不是征服自然、与自然对立。人是自然演化的产物，同时又是自然的一部分，“人道”是“天道”的体现，因此，人应该“与天地合其德，与日月合其明，与四时合其序，与鬼神合其吉凶”(《易传·文言》)。

孔子认为，“天”是一切现象和自然变化过程之根源，是宇宙的最高本体，人及人类社会是自然生态环境中的有机组成部分，人的活动不能违背自然生态的运行规律。孔子说:“天何言哉！四时行焉，百物生焉，天何言哉！”(《论语·阳货篇》)这个“天”就是指包括四时运行、万物生长在内的自然界，认为四时的运行和万物的生长都有其自身的运行规律。

相传孔子作《易传》，用乾、坤二卦代表天、地，并将乾、坤二卦视为父母卦，

① 季羡林.“天人合一”方能拯救人类[J].东方，1993(创刊号):6.

《易传》说:“乾,天也,故称乎父。坤,地也,故称乎母。”(《易传·说卦》)并认为,万物来源于天,生成于地:“大哉乾元,万物资始,乃统天。”“至哉坤元,万物资生,乃顺天。”(《易传·象传上》)正是在这个意义上,《易传》进一步指出了人对天地的依赖关系及天地对人的养育功能。《易传》说:“天地感,而万物化生”(《易传·象传下》)、“乾知大始,坤作成物”(《易传·系辞上》)、“生生之谓易”“天地氤氲,万物化醇;男女构精,万物化生。”(《易传·系辞下》)。《易传》还说:“有天地,然后有万物;有万物,然后有男女;有男女,然后有夫妇;有夫妇,然后有父子;有父子,然后有君臣;有君臣,然后有上下;有上下,然后礼义有所错。”(《易传·序卦》)。也就是说,天之道是“始万物”;地之道是“生万物”,人之道是“成万物”。这三者是不可分割的,“生成”与“实现”是统一的,这就是“天人合一”。上述论述充分说明,天地产生人类及万物,人类与万物是共生的关系。

天人关系的实质即“天道”和“人道”的关系,二者是相通、统一的,人们应该在人伦天道化、天道人伦化的发展演进过程中,不断地探索整个自然界和宇宙。孔子的孙子子思继承并发展了这一思想,在《中庸》中提出了“万物并育而不相害”的思想;主张“上律天时,下袭水土”,按自然界的客观规律办事;并且把“诚”视为天的本性,是天地万物存在的根本:“诚者物之终始,不诚无物。”在他看来,人可以“赞天地之化育”,与万物一齐生长发育,可以“与天地参”,与万物和谐相处,相得益彰,而不加害于自然。

孟子继承了孔子天人和谐的思想,提出把人类之爱推广到万物的思想,这就是“亲亲而仁民,仁民而爱物”(《孟子·尽心上》)。在此基础上,孟子又提出了“诚”的概念。他说:“诚身有道,不明乎善,不诚其身矣。是故诚者,天之道也;思诚者,人之道也。”“诚”是天的根本属性,“思诚”即“求诚”(“认识诚”)以合乎诚的境界是人之道,因而,他以“诚”作为“天人合一”的理论指向。[①]

集先秦儒学之大成的荀子在“天人关系”上提出了独到的见解。他首先指出天是创造了人和万物的自然界,是四时运行、万物生长的自然界:“列星随旋,日月递炤,四时代御,阴阳大化,风雨博施,万物各得其和以生,各得其养以成。不见其事而见其功,夫是之谓神。皆知其所以成,莫知其无形,夫是之谓天。”(《荀子·天论》)而且他还进一步指出,自然界具有不以人的意志为转移的客观规律,人们遵循自然规律,就能获得成功;否则,必遭失败:“天行有常,不为尧存,不为桀亡。应之以治则吉,应之以乱则凶。强本而节用,则天不能穷。养备而动时,

① 余谋昌. 环境哲学:生态文明的理论基础[M]. 北京:中国环境科学出版社,2010:5.

则天不能病。循道而不贰，则天不能祸。”（《荀子·天论》）总之，荀子的思想中已经明白地表达了人与万物是自然界的产物的思想。

及至宋代，“天人合一”的思想发展到顶峰。尤其是张载，他第一次明确提出“天人合一”的命题，指出儒者“因明致诚，因诚致明，故‘天人合一’”（《正蒙·乾称》）。他把天地看作人类和万物的父母，二者同出一源，故应像兄弟姐妹一样和谐相处。他说：“乾称父，坤称母；予兹藐焉，乃混然中处。故天地之塞，吾其体；天地之帅，吾其性。民吾同胞，物吾与也。”（《正蒙·乾称》）在他看来，人和万物是天地所生，充塞于天地之间的气，构人与万物的形体，统帅气的变化的本性，也就是万物的本性；人民是我的同胞兄弟，万物是我的伙伴朋友；人只是天地中一物，从“天”的本性，儒者明白，人与自然是统一整体。人与万物皆大地父母所生，故人与自然融为一体，而不是与自然对立二分的掠夺者。这种思想具有深刻的生态伦理意识。

宋儒程朱学派，以程颢、程颐和朱熹为代表。其主要内容就是天地人一体、阴阳对立统一、天人和谐一致等，蕴涵着人与自然本质统一的思想内核。这是中国思想的精华。他们以“天理”为最高哲学范畴，“天只以生为道”，天理即“生”，“生”是宇宙的本体，在生生不息的天道中，阴阳二气化生，产生天地万物和人，“人与天地一物也”，故“仁者以天地万物为一体”，发展了“天人合一”哲学。例如，程颢提出“一天人”“仁者以天地万物为一体”的天人合一的自然观，强调人与自然环境的同一性，主张人与自然和睦相处。程颢环境保护思想的哲学基础是万物与吾一体的天人合一思想，他认为“人与天地一物”，把人视为天地自然界的一部分。强调“人在天地之间，与万物同流，天几时分别出是人是物”。认为从大自然的角度看，人与万物同流，不曾有人与物的分别，因此把人与自然界的同一，视为理所当然。朱熹把宇宙本体解释为“生”，即生命精神和生长之道。他说：“盖仁之为道，乃天地生物之心，即物而在。情之未发而此体已具，情之已发而其用不穷。诚能体而存之，则众善之源，百行之本，莫不在是。”（《仁说》）也就是说，天地之“心”要使万物生长化育，它赋予每一件事物以生的本质，从而生生不息。这个统一的生命就谓之为仁。它是天地之心，众善之源，百行之本，世界是统一的，统一于“生”。

明代的王阳明论证说：“风、雨、露、雷、日、月、星、禽、兽、草、木、山、川、土、石，与人原只一体。”他又说：“大人之能以天地万物为一体，非意之也，其心之仁本若是，其与天地万物而为一也。岂为大人，虽小人之心亦莫不然，彼顾自小之耳。是故见孺子人井，而必有怵惕恻隐之心焉，是其仁之与孺子而为一体也。孺子犹同类者也，见鸟兽之哀鸣觳觫，而必有不忍之心焉，是其仁之与鸟兽为一体也。鸟兽犹有知觉者也，见草木之摧折而必有悯惜之心焉，是其仁之与草木而为一体也。草木犹有生者也，见瓦石之毁而必有顾惜之心，是其仁之与瓦石而为一体也。是其一体之仁也，虽小人之心亦必有之。是乃根于天命之性，而自然灵昭不昧者也，是故谓之'明德'。"(《大学问》)他认为这种与孺子、鸟兽、草木、瓦石的"一体之仁"是人性的自然表露，同时也是人类最高的伦理情感，是人对天地万物的一种责任意识。

清初的王夫之发展张载的思想，强调"天地之气日新"，万事"一物两体"，"以合为一者，既分一为二之所固有"。天地人一体，人与自然是不可分割的。在《周易外传》中，他说："夫《易》，天地之合用也。天成乎天，地成乎地，人成乎人，不相易者也。天之所以天，地之所以地，人之所以人，不相离者也。"他又说："乾坤并建于上，时无先后，权无主辅，犹呼吸也，犹雷电也，犹两目视，两耳听，见闻同觉也。故无有天而无地，无有天地而无人。而曰'天开于子，地辟于丑，人生于寅'，其说诎矣。"

道家思想主张"自然无为，顺应人道"。《老子》曰："人法地，地法人，人法道，道法自然。"认为道是本性，是人然，是自然而然；人、地、人是不可分的，人来源于自然，依赖自然而生存，必须遵循自然规律才能持续发展道家反对以人类为中心，认为"道大、天大、地大、人亦大。域中有四大，而人居其一焉"。意即人与自然是平等的、相依而存的，那种过分追求物质则富，不顾自然环境承受能力的发展模式是不能持续的。《庄子》提倡"少私寡欲"，由此演化出"节俭"的美德，包括减少资源的浪费，限制过度的贪欲。

道生万物，世界有了万物，自此"天地与我并生，而万物与我为一"。这是古典道家万物平等的理论根据。老子说："天地不仁，以万物为刍狗；圣人不仁，以百姓为刍狗。天地之间其犹橐龠乎？虚而不屈，动而愈出。多言数穷，不如守中。"(《老子》第五章)天地不偏爱，视万物刍狗(祭祀有的用草扎成的狗)；圣人不偏爱，视百姓为刍狗。我们要遵循自然规律，视万物平等，无贵贱之分，对万物一视同仁，这是"守中"。

老子以"天道"论证"人道"，人道包括在天道内，"天道"之内，万物自我发展("自化")，因而万物是平等的。

庄子以《齐物论》为题，他在文中说："物固有所然，物固有所可。无物不然，无物不可。故为是举莛与楹，厉与西施，恢恑谲怪，道通为一。"

在他看来，小草(莛)与大树(楹)，丑女(厉)与西施，虽然万物千姿百态，但从“道”的角度，它们是不分彼此的，没有贵贱之分。他又说：“民湿寝则腰疾偏死，鳅然乎哉？木处则惴栗恂惧，猨猴然乎哉？三者孰知正处？民食刍豢，麋鹿食荐，蝍蛆甘带，鸱鸦耆鼠，四者孰知正味？猨猵狙以为雌，麋与鹿交，鳅与鱼游。毛嫱、丽姬，人为所美也；鱼见之深入，鸟见之高飞，麋鹿见之决骤，四者孰知天下之正色哉？自我观之，仁义之端，是非之涂，樊然淆乱，吾恶能知其辩！”（《庄子·齐物论》）

这里的意思是说，人住在潮湿的地方会生病，住在树上会害怕，但泥鳅、猿猴则不然；人食禽兽，麋鹿吃草（荐），蝍蛆（蜈蚣）吃蛇（带），鸱鸦吃鼠，四者食性不同；丽人、鱼、鸟、鹿四者以不同的事物为美，有不同有审美准则。这些不是仁义、是非之别，而是“利害”之别，它们都在趋利避害，追求自己的生存，这是同一的，在生态食物链上，不同物种处于不同的生态位，有不同的生存方式。这不是仁义的问题，而是生存的问题。在生存这一根本问题上，要“齐万物以为道”，尊重所有生命的生存。

按“道”的法则，万物齐一，万物自化，因而万物是平等的，要兼容万物。庄子说：“天地万物与我并生，类也。类无贵贱。”

“北海若曰：‘以道观之，物无贵贱；以物观之，自贵而相贱；以俗观之，贵贱不在己……’河伯曰：‘然则我何为乎？何不为乎？吾辞受趣舍，吾终奈何？’北海若日：‘以道观之，何贵何贱，是谓反衍；无拘而志，与道大蹇。何少何多，是训谢施；无一而行，与道参差。严乎若国之有君，其无私德；繇繇乎若祭之有社，其无私福；泛泛乎其若四方之无穷，其无所畛域。兼怀万物，其孰承翼？是谓无方，万物齐一，孰短孰长？道无始终，物有死生，不恃其成；一虚一满，不位乎其形。年不可举，时不可止；消息盈虚，终则有始。是所以语大义之方，论万物之理也。物之生也，若骤若驰，无动而不变，无时而不移。何为乎？何不为乎？夫固将自化。’”（《庄子·秋水》）

应该怎么办？从“道”来看，天下万物都有自己的位置，虽然各不相同，但并没有贵贱之分，“类无贵贱”；贵贱向相反的方向演化（“反演”），循环往复，相互转化（“谢施”）；贵贱是由人以世俗的观点而定的；因而我们对万物要兼爱，兼容万物，没有偏心，“无私德”，“无私福”，这样才是符合道德的。

老子以“道”表述他对世界的看法。他认为“德者，道之功”，德是由道产生的，德即得，“德，不得；不得，德。”“上德不得是以有德；下德不失得是以无德。”（《老子》第三十八章）万物“道生之，德育之”；“志于道，据于德”，因而要“道法自然”，“厚德载物”。也就是说，“道法自然”，“尊道贵德”，这是“道家自然哲学”。它表述了人类遵循自然界的法则，它既是客观规律，又是人类的“至德”。老子说：“道生之，德畜之，物形之，势成之。是以万物莫不尊道而贵德。道之尊，德之贵，夫莫之命，而常自然。故道生之，德育之，长之育之，成之熟之，养之覆之。生而不有，为而不恃，长而不宰，是谓玄德。”（《老子》第五十一章）“生之畜之，生而不有，为而不恃，长而不宰，是谓玄德。”（《老子》第十章）

这里的意思是说，“道”生长万物，“德”繁殖万物；物质使万物形成，环境使万物生长和成熟。因而天下万物都尊崇“道”，而贵重“德”。它们之所以被尊崇和贵重，这是自然而然的。所以“道”生长万物，“德”繁殖万物，使万物生长，发育，结子，成熟，对万物要抚养和保护。但是，生长和养育了万物但不据为己有，帮助万物但不自恃有功，引导万物但不宰制它们。这就是最深远和高尚的道德。

因而，老子要求人要“衣养万物而不为主”。“衣”是保护的意思，护养万物而不是主宰它们。他说：“大道泛兮，其可左右。万物恃之而生，而不辞，功成而不名有。衣养万物而不为主，常无欲，可名于小……”（《老子》第三十四章）万物依自然规律而生存，养育它们，但不能有私欲，要保护生命和自然界，这是人类崇高的道德境界。

佛教虽然是从印度传入，但是在与我国儒道结合后，成为信徒最多、地域最广的宗教。“平等”一词来自佛语，平等观是佛教的基本教义：“是法平等，无有高下，故名无上正等菩提”（《金刚经》）。清代学者纪昀说：“以佛法论，广大慈悲，万物平等。”

佛学“众生平等”的思想，主要来自如下经典：《坛经》说：“一切众生，悉有佛性”；南本《涅槃经》说：“以佛性等故，视众生无有差别”；汉本《涅槃经》说：“一切众生悉有佛性，如来常住无有变易”。

这种平等观以佛性论为依据。佛学认为，一切即众生，众生即佛，万类之中个个是佛。众生均有佛性，佛性是一样的，即众生都有成为佛的可能性，都可以成佛。《泥洹经》说：“一切众生，皆有佛性，在于身中；无量烦恼，悉除已灭，佛便明显。”

因而，众生是平等的，无论一般生物，还是佛祖，它们在本质上都是平等的。就如在大海中，无论是鱼虾，还是蛟龙，同样享受海洋的滋养，不分上下。“若约当人分上从来底事，不论初入丛林及过去诸佛，不曾乏少。如大海水，一切鱼龙初生及全老死，所受用水悉皆平等。”（《景德传灯录》卷二一《福州安国慧球禅师》）

佛学尊重生命，众生平等的思想具有重要的生态伦理学意义。美国哲学家罗尔斯顿认为，环境伦理学正在把西方伦理学带到一个突破口。传统西方伦理学未曾考虑人以外的生命的价值，尊重生命的伦理，不仅关心人的幸福，而且关心其他生物和环境的福利。这就使伦理学面临一个突破口。东方佛教有尊重生命的思想，没有“事实”和“价值”之间的界限，人与自然之间的界限，它有助于实现伦理学的突破。[①]

佛教“普度众生”“众生平等”和“大慈大悲”的理念影响广泛，引导人们珍惜他人生命，关爱各种生物，保护生态环境。

从上述儒道释关于“天人合一”思想的言论中，我们不难看出，在其思想里，人与自然是同一的，而不是对立的，人是自然界的一部分，人与自然是共生共存的。

人类自出现以来，就一直在为自己的“生存更好的生存和更有保障的生存”而与自然界发生关系。因此，人与自然的关系是人类生存与活动中最基本的、最重要的、最具决定性意义的关系，这个关系是贯穿人类社会发展全过程的基础。生态观念是我国传统文化的一个重要组成部分，中华民族之所以能持续发展与生存，无不与其对自然的理解，以及恰当处理人与自然的关系密切相关。诚然，“天人合一”虽然是处理人与自然关系的正确思想原则，但产生于农业文明时代的中国传统“天人合一”观，也有着严重的历史局限性，把它现成地拿到今天来运用，指望它能解救人类面临的生态危机，显然是不现实的。它要对人类未来有所贡献，还有一个现代转化的问题，这就是张世英先生所说的要把它从前主体性的“天人合一”转化为后主体性的“天人合一”。但无论如何，中国传统哲学的“天人合一”观对人类思想的最大贡献，无疑是提供了人与自然有机统一、和谐共进的朴素辩证的“天人协调”说。其真谛，在于昭示世人：正确认识和妥善处理“人与自然”的关系，是人类社会持续发展的永恒主题。

第二节 人与自然和谐发展诠释文化遗产与环境关系

中国共产党第十八次全国代表大会期间，生态文明建设被提升至与经济建设、政治建设、文化建设、社会建设并列的战略高度，成为我国“五位一体”建设目标的重要组成部分，使得人与生态环境之间的关系问题再一次成为社会的焦点。生态文明，指人类遵循人、自然、社会和谐发展这一客观规律而取得的物质与精神

---

① 罗尔斯顿．尊重生命：禅学佛教能帮助我们建立一种环境伦理学吗？[J]．初晓，译．哲学译丛，1994(5)：11-18，4.

成果的总和。它是人类文明的一种形态，以尊重和维护自然为前提，以人与人、人与自然、人与社会和谐共生为宗旨，以建立可持续的生产方式和消费方式为内涵，以引导人们走上持续、和谐的发展道路为着眼点。构建一个以环境资源承载力为基础、以自然规律为准则、以可持续社会经济文化政策为手段的环境友好型社会，是后工业时代发展及转型的方向。文化遗产的合理保护、开发不仅提升了文化遗产自身的品质，同时也有效地改善了其周边的生态环境，为构建环境友好型社会做出了突出贡献。

生态文明建设必须首先建立尊重自然的价值观和适应与保护人与自然的关系，使敬畏自然的自然观被社会广泛接受，营造有利于生态传统建设的社会氛围，敬畏和迎合自然的思想观念对当前社会发展和人地关系的转型有着积极的价值。

20世纪以来，在关于人与自然的关系问题上逐渐形成了人类中心主义和非人类中心主义两种不同的观点。

一、“人类中心主义”的诠释与反思

“人类中心主义”(Anthropocentrism)是现代生态学出现以后，被人们用来指称近、现代西方主流生态哲学文化的一种说法，是西方文化的一贯立场。它从人与自然的二元对立出发，认为人类是实践的主体和生态系统及宇宙的中心，以自身利益的价值尺度来规范、调整和控制与自然客体的关系，不承认自然物具有内在价值，只承认自然物满足人的需求的工具价值，信守人类利己主义原则，鼓励人类对自然的征服态度以及相应的征服行为，把人与自然的关系归结为人与人的利益关系，单纯注重探索自然的奥秘并进而征服自然，缺乏人与自然和谐相处的意识。

关于人类中心主义发展的过程，一般认为经过了三个发展阶段：古代宇宙中心论、中世纪神学目的论和近代理性决定论。

第一阶段是古代宇宙中心论阶段，也是人类中心主义的最初历史形态。古代的人类中心主义是人类最初摆脱因生产力低下而受到大自然困扰后逐渐产生的以自我为中心的观点，又称为自然目的论的人类中心主义。其核心论点是主张人类在空间方位意义上是宇宙的中心，或者说人类居于中心位置，人“天生”就是其他存在物的目的。在西方思想史上，关于人类中心主义的最早表述可追溯到普罗泰戈拉，他说：“人是万物的尺度，是存在的事物存在的尺度，也是不存在的事物不存在的尺度。”这表明能否为人所用也是事物存在的根据。随后，柏拉图以人的理念为出发点构造了整个世界，把普罗泰戈拉的思想进一步具体化、体系化。但自然目的论观点最有名的代表是亚里士多德。他认为:“大自然不可能毫无目的、毫无用处地创造任何事物,因此,所有的动物肯定都是大自然为了人类而创造的。”按照这种说法,动物(更不用说植物和没有生命的自然客体)是为了人而存在的,它们只是人的工具,因而人对他们不负有任何道德义务。

在中国古代思想史上,也曾有过宇宙人类中心主义的观念。在殷商甲骨文中,就曾有过“中商”“东土”“南土”“西土”“北土”五方之说。而所谓“中商”,意味着商人视自己处于各种方位的中心位置。可以说,“五方说”关于东、西、南、北、中五个方位及其与人的关系的看法中就已包含了宇宙人类中心主义观念的萌芽。到了战国后期,这种宇宙人类中心主义观念在五行学说中得到了集中的表达。在囊括天地万物的五行宇宙图式中,人被明确地置于宇宙的中央地位,是向四面八方伸展开去的宇宙整体的出发点。不过,中国古代思想史上的宇宙人类中心主义不像在西方那样寄生于严格意义上的科学假设之上,因而它也从未有过西方古代宇宙人类中心主义那样广泛的影响。

第二阶段是中世纪神学目的论阶段,其核心论点是一种神学目的论,主要流传于中世纪的欧洲。根据美国著名文化人类学家莱斯利·怀特的说法,神学人类中心主义包括如下一些教条:“人是造物主全部业绩中的主要成果,是上帝按照自己的形象创造出来的,这个世界就是为人而创造出来的;世界是静止的,位于宇宙中心,一切事物皆围绕地球而旋转;万物都要根据人来加以解释。”① 这种神学人类中心主义构成了欧洲中世纪基督教世界观的一个重要组成部分,其核心则是一种神学目的论。它认为人类不仅具有空间方位上的中心意义,而且在“目的”意义上也处于宇宙的中心地位。就是说,人“天生”就是其他存在物存在的目的,动物、植物和其他没有生命的自然客体是为人而存在的,是人存在的工具。如果树之所以结果,是为了使人类有果子吃;软木树的生长,只是为了使人类能将它作为水瓶的塞子。当然,这一切都不过是上帝的巧妙安排。其他创造物都是上帝创造出来为人类服务的,是为了人类的利益而存在的。人是高于其他存在物的生命形式,是大自然的主人,而非成员,人对大自然的统治是绝对的、无条件的。而上帝之所以对人类特别关照,也是有目的的,就是为了显示上帝的仁慈和智慧。因此,神学人类中心主义所谓的“万物都要根据人来加以解释”,实即万物都要根据神意或上帝之意来加以解释。显然,神学人类中心主义的目的不过是要

① 怀特. 文化的科学——人类与文明研究[M]. 沈原,黄克克,黄玲伊,译. 济南:山东人民出版社,1988:384.

论证上帝的至善全能和对上帝的信仰的合理性，它与其说是一种人类中心主义，倒不如说是一种上帝中心主义。

第三阶段是近代理性决定论，是以反对上帝、神为中心的，并要把人从神那里解放出来的价值学说，其核心是“征服自然、主宰自然、摆脱自然对人的奴役”。例如，笛卡尔提出人要“借助实践使自己成为自然的统治者”，因为动物是只具有躯体、没有心灵、不会说话的低级存在物，只具有物质的属性，与无生命的客体并无区别。而人这种高级存在物，则拥有不朽的灵魂或心灵。我们应该同情动物的观点是错的，因为痛苦是人类独有的感情，动物并不具有。我们完全可以把动物（更不用说植物）当作机器来对待。康德主张“人是目的”，“是自然界的最高立法者”。他从古希腊哲人关于人是一个理性存在物、理性是人之为人的根据的观点出发，认为只有人才是理智世界的成员，因而只有人才有资格获得道德关怀。动物不是理性存在物，人们对待非理性存在物的任何一种行为都不会直接影响理智世界的视线，因而把他们仅仅当作工具来使用是恰当的。所以，康德明确宣称：“就动物而言，我们不负有任何直接的义务。动物不具有自我意识，仅仅是实现一个目的的工具。这个目的就是人。”“我们对动物的义务，只是我们对人的一种间接义务。”[①] 培根把人类中心主义由理论形态推向了实践，他的“知识就是力量”的口号，鼓励人们用科学知识区改造自然，为人类的利益服务。洛克也主张“对自然界的否定就是通往幸福之路”，人类中心主义又由一种素朴观念扩张为“人是自然界的主人，人能主宰一切”的主体主义观念。

近代理性决定论是随着近代人类资本主义生产方式统治地位和科技迅速发展而建立起来的。在这一阶段，人类征服和改造自然的能力有了很大的提高，科学和技术的发展使人类对于自然界的奥秘有了很大程度的了解。在人类面前，自然不再是不可战胜和不可认识的物体。在这种生态哲学观念主导下，人们习惯于认为自己是自然的立法者而凌驾于自然之上，把自然万物当成人类取之不尽的资源库，把征服自然看作是自己最大的乐趣和成就，一切都是以人为尺度。

第四阶段是现代人类中心主义。进入20世纪以后，特别是伴随着全球性问题的出现和生态伦理学的发展，人类中心主义改变了传统的理论范式，剔除了神学的影响，把自己的立论基础建立在现代科学特别是生态学的基础上。例如，以W. H. 墨迪、J. 帕斯莫尔和H. J. 麦克洛斯基等人为代表的现代西方著名人类中心主义生态伦理学者，明确反对“人类统治主义”“人类征服主义”“人类沙文主

① 何怀宏. 生态伦理——一种精神资源与哲学基础［M］. 保定：河北大学出版社，2002：343.

义”，断言造成人类生存困境的根源不在于人类利益本身，而在于人类对自然认识上的误区；为了人类的“共同利益”（当代人和后代人的利益）必须尊重自然规律。

总之，现代人类中心主义主张理性认识人与自然的生态关系，从自然满足人类需要和自然的工具价值出发，认可人类对自然的责任，对人的需要作某些限制，人们只应满足那些经过审慎的理智思考后才表达出来的欲望或需要，合理地利用自然资源并保护环境资源；承认自然对人的精神价值，认为自然存在物的价值不仅在于它能满足人的利益，还能丰富人的精神世界；在承认人的优越性的同时也承认其他有机体也是生命联合体的成员，所以我们与它们之间的关系具有一定的伦理意蕴，以便满足人类生存和发展的长期需要。①“至此，人类中心主义已经演变为一种立足于人的利益需要及其满足来看待人与自然之间关系的价值观念。”②

虽然现代人类中心主义较之前几个阶段的人类中心主义思想在认识人与自然关系的问题上有所突破，但不可否认的是，现代人类中心主义仍然是一种认为人是宇宙中心的观点。虽然它在对前三类“人类中心主义”反思的基础上，从人类价值的唯一性路径去考虑生态环境的保护，这无疑是环境伦理观的一次飞越。然而对现代人类中心主义“不把人类以外的生命个体、种群、生态系统和地球生物圈当成道德关怀的客体，只把人类对环境的关心和保护当成人类之间伦理关系的延伸”的观点进行诊视和反观，可以看出它的实质仍是“一切以人为中心，人类行为的一切都从人的利益出发，以人的利益为唯一尺度，人们只依照自身的利益行动，并以自身的利益对待其他事物，一切为自己的利益服务”③。

在这样的价值观支配下，必然会发生人与自然的尖锐对抗。恩格斯就曾指出：“我们不要过分陶醉于我们人类对自然界的胜利。对于每一次这样的胜利，自然界都对我们进行了报复。每一次胜利，在第一线确实取得了我们预期的结果，但是在第二线和第三线都有了完全不同的、出乎预料的影响，它常常把第一个结果重新消除。”当代生态危机的事实证实了恩格斯的话。凭借科学技术的发展，西方社会开始对自然施加越来越大规模的干预，对自然的征服和统治变成了对自然的掠夺和破坏，对自然资源无节制的大规模消耗，带来污染物的大量排放，最终造成自然资源枯竭、生态环境恶化和地区差异加入等各类社会问题。

---

① 何怀宏. 生态伦理——一种精神资源与哲学基础. 保定：河北大学出版社，2002：345.

② 李旭萍. 走出对人类中心主义认识的误区——对当代生态环境问题的反思［J］. 山西高等学校社会科学学报，2001，13（12）：59.

③ 余谋昌. 创造美好的生态环境［M］. 北京：中国社会科学出版社，1977：142.

1948年，因DDT的剧毒能有效地杀死害虫，发现DDT的杀虫功效的瑞士化学家P. H. 穆勒(P. H. Müller)获得该年度的诺贝尔生理学或医学奖。但是时隔14年后，美国海洋生态学家R. 卡森(R. Carso)于1962年出版了《寂静的春天》一书，分析了DDT既能杀死害虫，也能杀死害虫的天敌，破坏了生态的平衡，导致动物畸形，性别失调，以及人与动物的免疫力下降。她在书中呼唤人们关注自然环境，并提醒人们注意这样的事实：人类再不节制，未来的春天将不再鸟语花香、热闹缤纷，而是一片死寂与静肃。由于对环境脆弱本质和相互依赖的特点认识不足，人类正在以惊人的速度破坏着自然环境。1966年，美国经济学家K. E. 博尔丁(K. E. Bouldin)发表《一门科学——生态经济学》的论文，第一次提出生态经济学的概念，形成以生态经济效益，即生态系统和经济体系相互作用的经济效益为研究对象的学科，主张在人口、工业迅速增长，自然资源消耗加剧，生态环境遭到破坏，人工业和现代农业所造成的环境污染日趋严重的情况下，把经济发展同环境、资源、生态结合起来研究其经济效益。1969年，L. 麦克哈格(L. McHarg)在《设计结合自然》一书中，从自然、历史、人文的角度探讨了环境问题，描述了自然过程如何引导土地开发。规划设计结合自然理念的提出不仅是在理论上的重大突破，而且还标志着生态学方法第一次被完整地引入城市规划之中。

随着世界经济的复苏和城市化的迅猛发展，生态危机日益严重，能源危机、环境污染、水资源短缺、气候变暖、荒漠化、动植物物种大量灭绝等各类相互联系的危机日趋严重，直接威胁到人类的生存与发展，人与自然的和谐也面临着有史以来最严峻的挑战。20世纪50年代前后，不断爆发的环境危机以及世界闻名的“十大公害事件”，敲响了环境保护的警钟，一系列威胁人类生存根基的全球性危机迫使人们转变以往的价值观，以一种全新的角度来看待人和自然的关系。

人类中心主义仅承认人的价值，在人与自然关系上以人类利益为中心，否认自然的伦理利益，这是近代法律仅确认人的利益的伦理基础。文化遗产是自然的组成部分，人类中心主义同样否认文化遗产的伦理利益。传统文化遗产保护立法权确认人的伦理利益，否认文化遗产的伦理权利，是导致文化遗产生态危机的伦理根源。

二、对“非人类中心主义”的诠释和重新界定

“非人类中心主义”是和“人类中心主义”相对的概念，“非人类中心主义”(Anti. Anthropocentric)从包括人类在内的所有生命体的利益出发，通过生物

进化论和生态科学来认识人类生命和非人类生命在进化过程与生物圈的有机联系和各自的地位，提出自然本身（包括动物、植物、物种甚至河流、岩石、生态系统）有内在价值，强调人与自然价值的平等和生态系统的整体性。在此基础上，提出了一系列对待自然物的伦理规范和行为规则。

“非人类中心主义”主要包括五大流派。

一是以彼得•辛格和汤姆•雷根为代表的“动物解放论”（又叫“动物权利论”），它从感知能力或从生存权利出发，要求人类尊重动物的生存，不要对动物施加使其痛苦的错误行为。

辛格的“动物解放主义”是生态伦理的萌芽。他认为，动物和人一样能感受痛苦和愉快，因而它具有与人平等的权利，我们不能为了人类的利益而牺牲动物。比如在动物身上做实验，把动物当成人的工具，是一种与种族歧视和性别歧视相类似的物种歧视。为了避免成为物种歧视主义者，我们不应该靠牺牲动物的利益来使自己获利，而应该把道德的应用范围扩展到动物，这是自由、平等、博爱原则的伟大应用。“如果一个存在物能感受快乐，那么拒绝关心它的苦乐就没有道德上的合理性。”①

雷根的“动物权利主义”是生态伦理的另一根源，他认为，人类与动物都是生命的体验主体，人类能感受到的快乐和痛苦等感觉，动物也能感觉到。动物不是为人类而存在的，与人一样，“动物也具有同等的天赋价值”，“一切拥有天赋价值的存在物都同等的拥有它，而不管这些存在物是不是人这一动物”。②应当把自由、平等、博爱的伟大原则推广应用到动物身上，我们应完全废止把动物用于科学研究、完全取消商业性的动物饲养业、完全禁止商业性的和娱乐性的打猎和捕兽行为。

二是以史怀泽、保尔•泰勒为代表的“生物中心主义”（Biocentifsm）。它以生命个体的目的为依据，主张把道德对象的范围扩展到人以外的生物。

史怀泽的“敬畏生命”伦理观发展了生态伦理学，第一个系统地提出自然中心主义的生命伦理学。他将对生命的尊重作为理论基石，认为：“伦理的基本原则是敬畏生命”。无论是人、动物还是植物，凡是有生命的存在物都应当得到道德上的同等的尊重，生命没有等级之分，一切生命都是神圣的。因此，对人来说，

---

① 辛格. 所有的动物都是平等的［J］. 江娅，译. 哲学译丛，1999（5）：28.

② REGANT. The Radical Egalitarian Case for Animal Rights［J］. Environmental Ethics：Reading in Theory and Application，2001，5：31-39.

“善是保持生命、促进生命，使可发展的生命实现其最高价值。恶则是毁灭生命、伤害生命，压制生命的发展。这是必然的、普遍的、绝对的伦理原理。”① 史怀泽第一个从伦理学高度提出尊重生命伦理学思想，认为尊重生命是所有生物与人享有平等权利的伦理学基础。“敬畏生命的伦理否认高级和低级的、富有价值和缺少价值的生命之间的区分。”②

保尔·泰勒则继承和发挥了施韦兹的理论，提出了“尊重自然界的伦理学”。认为我们应该尊重自然界所有的生命有机体，因为自然界每一个有机体都是一个生命的目的中心，都拥有同等的天赋价值，有权得到人类的平等关心和尊重。“所有的动物，不论它们如何比人类低级，都是拥有自己好的存在物，……所有的植物也同样都是拥有自己好的存在物。”③ 对它们，我们应做到：① 不伤害所有的有机体；② 不限制有机体的自然生长，顺其自然；③ 不辜负野生动物对我们的信任；④ 那些违背了上述规则的人应该对被伤害的生物做出补偿。当然，人类不能为了保护生物而罔顾自己的福利，但应当将对动物的伤害减到最小程度。

不管是动物权利论还是生物中心主义流派，都已经大大超越了传统人类中心主义的伦理范式，两者强调的都是动物个体的价值和权利。生态中心主义则更向前推进了一步，它强调的是生态系统的整体性，认为物种和生态系统具有道德有限性，从而成为非人类中心主义最有代表性的观点。

三是以利奥波德为代表的生态整体论。

奥尔多·利奥波德是大地伦理学的创始人。“大地伦理”完善了生态伦理，“大地伦理学”从环境整体性出发强调了物种、生态系统和生物圈整体的价值，其价值尺度是应当“从什么是道德的，以及什么是道德权利，同时什么是经济上的应付手段的角度，去检验每一个问题。当一个事物有助于保护生物共同体的和谐、稳定和美丽的时候，它就是正确的；反之，它就是错误的”。④ 主张借助现代科学技术而拥有更多改变生命共同体存在状况的人类，应该限制生存竞争的行为自由，在满足自己生存需要而利用其他资源的同时，应该带着尊重的态度，并使自身的行为受到伦理的约束。

他指出：“迄今还没有一种处理人与土地，以及人与在土地上生长的动物和

---

① 史怀泽. 敬畏生命 [M]. 陈泽环，译. 上海：上海社会科学院出版社，1995：9.

② 史怀泽. 敬畏生命 [M]. 陈泽环，译. 上海：上海社会科学院出版社，1995：131.

③ TALOR P W. Respect for Nature：A Theory of Environmental Ethics[M]. Princeton：Princeton University Press，1986：35.

④ 利奥波德. 沙乡年鉴 [M]. 侯文蕙，译. 吉林：吉林人民出版社，1997：121.

植物之间关系的伦理观。人和土地之间的关系仍然是以经济为基础的，人们只需要特权，而无需尽任何义务。”当然，文明的进步还许可“对地球的奴役”，但是地球是一个拥有某种程度的生命的有机体，这是我们尊重地球、不毁坏地球的道德理由。我们应该“像一座山一样思考”，即从整体主义和非人类中心论的角度来考虑问题，判断事情对错的标准就是它是否有利于生命共同体的完整、稳定和美丽。所以，大地伦理学的任务就是要扩展道德共同体的界限，“向人类环境中的第三因素（大地）延伸”，并进一步扩展到人与大地之间的关系，把人的角色从土地共同体的征服者改变成其平等的一员和公民。“人的角色从大地共同体的征服者改变成大地共同体的普通成员与普通公民。这意味着，人不仅要尊重共同体中的其他伙伴，而且要尊重共同体本身”①。换句话说，大地伦理学的任务是就是要帮助大地从“技术化了的现代人的控制下求得生存”。

利奥波德的生态整体论具有划时代意义，美国哲学家克里考特评论指出：“大地伦理学并不公开地把同等的道德价值授予生物共同体的每一个成员，个体（包括人类个体）的价值是相对的，要根据它与利奥波德所说的大地共同体的特殊关系加以衡量，”“整体，即生态系统本身，完完全全地创造并模塑着它的组成部分”②。

怀特海认同利奥波德的生态整体观，他在《科学与现代世界》一书中提出：大自然是相互依赖、相互编织在一起的存在之网（web of being）。麦茜特认为：“各部分将从整体中获得它们的意义。每个特定的部分都依赖于总体境况并由它确定。”③罗尔斯顿在《环境伦理学——大自然的价值以及人对大自然的义务》书中认为，不破坏生态系统的稳定和动态平衡，保护物种的多样性作为基本的价值判断标准，把生态系统的整体利益当作最高利益和终极目的。

余谋昌综合归纳生态整体观的特点为：① 地球是活的系统，具有自组织、自调控、自己发展的性质，因而它朝有序和价值进化的方向发展；② 我们的有机世界，它的整体与部分的关系，不是由部分组成整体，而是由整体组成部分；③ 有机世界虽然具有一定的以整体性为特征的结构和功能，但是它的关系和动态过程的整体性是更重要的。④

---

① 利奥波德. 沙乡年鉴 [M]. 侯文蕙，译. 吉林：吉林人民出版社，1997：18.

② CALLICOTT J. B. Animal liberation：A Triangles Adair[J]. Environmental Ethics，1980，2(4)：311-338.

③ 麦茜特. 自然之死——妇女、生态和科学革命 [M]. 吴国盛，吴小英，曹南燕，等，译. 吉林：吉林人民出版社，1999：325.

④ 余谋昌. 生态哲学 [M]. 西安：陕西人民出版社，2000：98.

生态哲学的整体论观点改变了近代哲学的分离论观点，从而使人们认识世界的本体论范式发生了根本转折。文化遗产是生态系统的组成部分，不再是传统哲学范畴的孤立系统，应当从整体论的观点来剖析文化遗产的本质。

四是以 A. 奈斯为代表的“深层生态学”。

奈斯是深层生态学的创始人，他于 1972 年的一次演讲中首次提出了深层生态学理论。深层生态学致力于破除以人的利益为中心的价值观，并试图在超越人类中心主义的浅层方案基础上，建立起生态中心主义或生态整体主义思想体系；主张整个生态系统及其存在物都具有内在价值，人类不是凌驾自然界之上的存在者，而是自然界之中一个有机组成部分，生态系统中的每一存在物都具有与人平等的内在价值，主张人类面临的生态危机，本质上是文化和价值层面的危机，其根源在于我们陈旧的价值理念、行为模式，以及社会政治经济和文化机制方面的缺陷，人类只有确立保证人与自然环境和谐相处的新的文化价值观念，消费模式、生活方式和社会政治机制，才能从根本上克服生态危机。深层生态学追寻生态背后的深层问题，主张解决环境问题的根本出路是必须从根本上改变人的生活方式。深层生态学呼吁扩展生态意识，把人类与自然视为一个统一整体，人类不是统治者，而是这个系统的组成部分。①

奈斯的“深层生态学”进一步完善了生态伦理学，提出了两个深层生态学的“最高规范”。第一个“最高规范”是“自我实现”。奈斯指出，人类自我意识的觉醒，经历了从本能的自我到社会的自我，再从社会的自我到形而上学的“大自我”即“生态自我”的过程。这种大自我或生态自我，才是人类真正的自我，实现的过程就是人不断扩大自我认同对象范围、超越整个人类而达到一种包括非人类世界的整体认识的过程，人的自我利益与生态系统的利益是完全相同的。

深层生态学的另一“最高规范”是生物中心主义的平等。所谓生态中心主义的平等，是指生物圈中的一切存在物都有生存、繁衍和充分体现个体自身以及在“自我实现”中实现自我的权利。深层生态学十分赞赏利奥波德的见解，即人类是生物共同体的“普通公民”，而不是大自然的主宰和凌驾于其他所有物种之上的“大地的主人”。② 所以，生物中心主义的平等强调的是，在生物圈中所有的有机体和存在物，作为不可分割的整体的一部分，都有其自身固有的、内在的价

---

① 叶平. 当代西方环境伦理学研究的特点 [J]. 自然辩证法研究，1999（8）：69-71.

② 曹明德. 从人类中心主义到生态中心主义伦理观的转变——兼论道德共同体范围的扩展 [J]. 中国人民大学学报，2002（3）：46.

值，一切存在物对生态系统来说都是重要的、有价值的。因此，它们在本质上是平等的。每一种生命形式在生态系统中都有发挥其正常功能的权利，都有生存的权利和追求幸福的自由。

1984 年，奈斯和乔治•塞逊斯在加利福尼亚州的一个名叫“死谷”的野营地相聚，共同总结了 15 年来对深层生态学原则的思考，提出了深层生态学的著名“八大基本原则”，作为深层生态学运动的行动纲领。

（1）地球上人类和非人类生命的健康和繁荣具有自身的价值（内在价值、固有价值）。这些价值不依赖于非人类世界对人类的有用性。

（2）生命形式的丰富性和多样性有助于这些价值的实现，并且它们自身也是有价值的。

（3）除非为了满足生存的需要，人类无权减少这种丰富性和多样性。

（4）人类生命和文化的繁荣与人口的大幅度减少不相矛盾。非人类生命的繁荣要求人口减少。

（5）目前人类对非人类世界的干涉过度，并且情况正在迅速恶化。

（6）因此人类的政策必须改变。这些政策影响着经济、技术和意识形态的基本结构，其结果将与目前截然不同。

（7）意识形态的改变主要在于评价生命平等（即生命的固有价值），而不是高标准的生活方式。

（8）赞同上述观点的人有直接或间接的义务去促成这些改变。①

深层生态学的两个“最高规范”和八个基本原则，集中反映了深层生态学理论的本质特点。它们既是一种新型的环境价值理念，又是一种环境保护运动的行动纲领。它把伦理道德的范围从人与人的关系扩展到人与自然的关系中，引导人们以崭新的视角来审视人与自然的关系，论证了人类保护自然生态环境的伦理依据和道德意义，为全人类的共同道德的产生和形成提供了坚实的理论基础。由此我们得知，地球的生态平衡是地球上包括人类在内的一切生命体生存和发展的共同的前提条件。世界上不同民族和国家、不同阶级和集团，在维护地球生态平衡这个问题上的利益是一致的，破坏地球的生态平衡，任何国家和阶级的单独发展将毫无意义。

五是以 J. 奥尔尼、罗尔斯顿为代表的“自然价值论”。

---

① DEVALL B, SESSIONS G. Deep Ecology: Living as if Nature Mateered[M]. Salt Lake: Peregrine Sunith Books, 1985: 70.

J. 奥尔尼归纳所谓自然“内在价值”至少有两种不同的含义。第一,“如果一个对象自身就是某种目的,它就具有内在价值”,“内在的善就是作为其他的善之所以为善的原因的善”。例如奈斯就持这种主张:“地球上非人类生命的良好存在本身就具有价值。这种价值是独立于有限的人类目的的工具有用性之外的。”第二,“内在价值”就是对象的“内在属性”或特征。伦理学家 G. E. 摩尔认为:“说某种价值是‘内在的’,仅仅意味着当你问有关事物是否具有或在什么程度上具有内在价值的问题时,只考虑该事物所具有的内在性质。”[①] 第三,“内在价值”就是“客观价值”的同义语。事物具有不依赖人类评价的那种价值。不管人类存在不存在,也不管人类的态度和偏好如何,它都永远存在。这三种说法是相互渗透的,实际上是一致的,第二、第三点是对第一点的进一步说明、补充或强化。[②] 说明内在价值的内涵是自然界内在的,不依赖人的主观意志为转移,不依赖主观评价的自然系统的客观目的价值。

罗尔斯顿以价值分析作为突破点,创立了自然的内在价值理论,他说,“价值是这样一种东西,它能够创造出有利于有机体的差异,使生态系统丰富起来,变得更加美丽、多样化、和谐、复杂”,“作为大自然长期进化的果实,价值是一种财富,就像有机体和进化的生态系统那样”,[③] 重视了自然生态整体性和内部客观价值的关系,提出了“完整”和“动态平衡”两原则,认为包含人在内的生态系统是一个动态平衡的完整的系统。罗尔斯顿同时认为,不破坏生态系统的稳定和动态平衡,保护物种的多样性作为基本的价值判断标准,把生态系统的整体利益当作最高利益和终极目的。

六、生态主体论

近代哲学主体论认为只有人是主体,人以外的世界是客体,人作为主体,有权主宰和统治自然界。近代法律以此为基础仅确立人的法律主体地位,自然界不具有法律主体地位。生态哲学主体论是二元论,认为自然也具有主体地位,反对近代哲学绝对的主客二分论。

---

① MOORE G E. The conception of intrinsic value[M]. London: Routledge and Kagan Paul, 1922: 260.

② 转引自章建刚.“内在价值”的含义与环境伦理学[J]. 思想战线, 2000, 26(5): 8.

③ 罗尔斯顿. 环境伦理学:大自然的价值以及人对大自然的义务[M]. 杨通进,译. 北京:中国社会科学出版社, 2000: 303.

格里芬对生态哲学本体论进行了充分的阐释，他认为："后现代的有机论坚持认为，所有原初的个体都是有机体，都具有哪怕是些许的目的性。但它却并不认为，一切可视的物体，如石头和行星都是原初的个体，甚至类似于原初个体。相反它认为，原初的有机体可以被组织成两种形式：① 一个复合的个体，它产生一个无所不包的主体；② 一个非个体化的客体，它不存在统一的主体性。动物属于第一类，石头属于第二类。换言之，不存在什么本体论的二元论，但存在着一种组织的二元性。这种二元性重视二元论者不愿放弃的重要而明显的差别。因而，① 存在着这样的事物，其行为只能根据动力因和其自身对这些原因的有目的的反应来理解；② 存在着这样的事物，其行为在多数的情况下可以不考虑目的因或终极因来理解。"[①]

卡普拉从自组织系统角度对生态主体论进行了阐释，他认为："自组织系统的相对自主，使古老的关于自由意志的哲学问题得到新的阐释。从系统观点出发，决定论和自由论是相对概念。从系统是对环境的自主来看，它是自由的；从其通过相互作用而依赖于环境来看，它又是受制于环境影响的。有机体的这种相对的自主性，总是随着它的灵活性一同增加的。这在人类达到了最高程度。"[②]

余谋昌教授综合归纳生态主体论的主要内容为："生态世界观反对绝对的主客二分，虽然可以做主客分析，但它们的统一是更根本的，两者统一是事物自身固有的性质。而且主体并不是唯一的，虽然在认识论的意义上，当我们说是人对事物的认识时，主体是唯一的，是指人对事物的认识。这里有主-客关系和主-客统一。但是，在本体论的意义上，主体不是唯一的，事物本身是它的主体，在生态系统中，不仅人是生态主体，种群和群落也是生态主体。这里也有主-客关系和主-客统一。在价值论的意义上，不仅人是价值主体，生命和自然界也是价值主体，不仅人具有内在价值，因而具有生存权利，人是生存权利的主体；而且，生命和自然界也具有内在价值，因而也具有生存权利，生命和自然界也是生存权利的主体。生态世界观认为，人、生命和自然界的内在价值与外在价值的统一，是主-客统一的一个方面，它具有不可分割的性质。"[③]

综合分析"非人类中心主义"的各种观点可以看出，"非人类中心主义"肯定

---

① 格里芬. 引言：科学的返魅[G]// 格里芬. 后现代科学——科学魅力的再现. 马季方，译. 北京：中央编译出版社，2004：32.

② 卡普拉. 转折点：科学•社会•兴起中的新文化 [M]. 冯禹，向世陵，黎云，编译. 北京：中国人民大学出版社，1989：199.

③ 余谋昌. 生态哲学 [M]. 西安：陕西人民出版社，2000：193-194.

自然物存在着内在价值，并由自然物的内在价值推论出人类对自然物的道德价值；从各流派的立论基础可以看出，“生物中心主义”是在“动物解放论”的基础上发展而来的，因此“动物解放论”也属于“生物中心主义”的范畴，它们强调有机体个体的价值和权利，以生物为中心，认为生物个体的生存具有优先性，但是没有把生物有机体放在生态整体中考虑，没有考虑到物种和生态系统比个体生物更重要，因此二者在实质上是一致的，所以被统称为“生物中心主义”。“大地伦理学”“深层生态学”“自然价值论”提倡整体主义的环境伦理思想，强调生态系统的整体性，认为不仅生物，而且非生物的自然存在物、寄生物及其环境构成的生态系统和生态过程，都是道德关心的对象，强调生物物种和生态系统的价值和权利，因而被称作“生态中心主义”（Ecocentrism）。

从对自然的控制转向对自我的控制，表明传统的价值观的合理性在当代的失效。人类需要一种人与自然的新型关系，即生态中心主义下的人与自然协调发展关系。与传统价值观那种把自然视为“聚宝盆”和“垃圾场”的观念相反，生态中心主义把地球看作是人类赖以生存的家园。它以人与自然的协同进化为出发点和归宿，主张以适度消费观取代过度消费观。以尊重和爱护自然代替对自然的占有欲和征服行为。在肯定人类对自然的权力和利益的同时，要求人类对自然承担相应的责任和义务。

生态价值观把人与自然看成高度相关的统一整体，强调人与自然相互作用的整体性，代表了人对自然更为深刻的理解方式。现代生态学理论揭示出，整体性是生态系统最重要的特征。自然界中每一个个体占据着特定的生态位，都离不开与其他物种的联系和对环境的依赖。文化遗产的环境保护，确切地说，只能是调节、处理好文化遗产与环境的关系，让文化遗产有一个适应其生存、保存的生态位。

生态文明理念正是这种对文化遗产与环境关系的正确认识。总之，采纳更为宏观的生态文明理念，对整个环境资源管理、环境资源法制建设和环境资源法学的发展都具有重要理论意义和实践意义。在此基础上，构建起对于“海上文化线路”遗产的全面有效的保护。

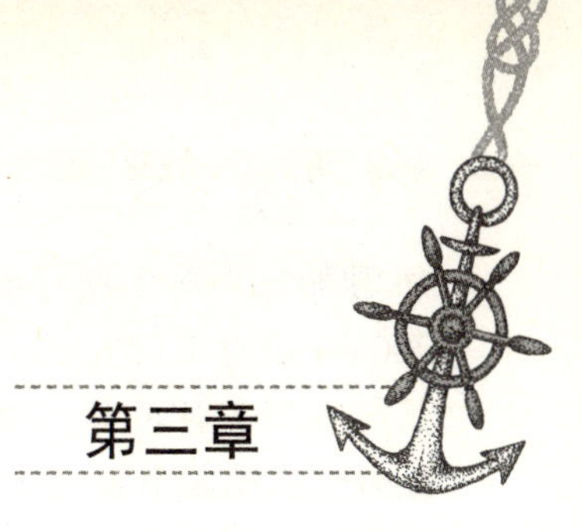

第三章

国际社会以及《西安宣言》从环境保护角度对文化遗产保护的实践及理论借鉴

第一节　国外文化遗产保护与环境保护的相关法律建设借鉴

一、英国

1994 年，英国环境、运输与区域部等共同颁布了《规划政策指南：规划与历史环境》(*Planning Policy Guidance*: *Planning and the Historical Environment*)，强调规划过程中保护历史遗址及周边环境的重要性。

2007 年，英国文化媒体和体育部(Department for Cultural Media & Sport)发布了《21 世纪的遗产保护》(*Heritage Protection for the* 21*st Century*)白皮书。其建议文化媒体和体育部会同威尔士、苏格兰和北爱尔兰的部长，依国家制度发展改良的、高效的海洋遗产制度；建议通过拓宽能被保护的海洋历史资源的范围，将有关指定的决定建立在“特别的考古或历史性质上，公布指定的新选择标准而使有关指定的决定更易理解，采用更简单清晰的指定记录，采用对海洋历史资源的临时保护，考虑新的灵活的允许机制，来确立保护海洋历史资源的更全面的制度、更清楚的体制、更灵活的内容”。

2008 年 4 月 1 日，英国国防大臣发布了《1986 年保护军事遗存法(指定船只及被控遗址)2008 年指令》[*Protection of military Remain Act* 1986 (*Designation of Vessels and Controlled Sites Order* 2008]，并撤销了 2006 年指令。该指令指定

46 艘船只为军事遗存法保护的“船只”，12 个区域为“被控遗址”。该指令已于 2008 年 5 月 1 日生效。

值得关注的是，2008 年 4 月，英国国会发布了《遗产保护法案草案》(*Draft Heritage Protection, Bill*)，建议对保护历史环境的现有法律进行全面的修改。该法案的制定是为改革和统一英格兰和威尔士的陆地和海洋遗产保护体制，如生效，将取代可适用于水下文化保护的《古迹与考古区域法》中关于英格兰和威尔士的规定以及《保护沉船法》中关于历史沉船遗址的有关规定。

法案依序包含遗产注册、行为控制及注册遗产构筑物保护、注册的其他效力、海洋遗产许可证、历史环境记录及一般规定等六个部分共计 231 条及附录，其中明确涉及水下文化遗产的章节有第一部分的第四章《海洋遗产资源》及第四部分《海洋遗产许可证》。

该法案有关水下文化遗产规定的核心在于，拓宽了英国海洋资源的范围，将部分或全部位于高水位线下的可依该法案注册的构筑物纳入海洋资源；海洋遗产遗址的指定以其具有“特别的”建筑、历史、考古或艺术性质为基础，而判断海洋遗址是否“特别的”标准必须由注册机构公布——这使得遗址的指定标准透明化；遗址被纳入注册表前必须与有关代表(包括个人、机构、组织等)进行磋商，否则国务大臣不得指示注册机构将遗址纳入注册表；无意注册证明书可以与陆地遗产资源同样的方式和在同一基础上取得，适用于陆地，尽管这使得某些水下文化遗产可能因所有人无意注册而不能得到保护，但在一定程度上表明了英国将水下文化遗产与陆地文化遗产同等看待并保护的意图；针对海洋遗产遗址的活动，包括干预、损毁、潜水、捞救等，可通过发放许可证予以控制，未经许可实施相关的活动将构成犯罪，甚至阻碍被许可人从事被授权的针对海洋遗产遗址的活动也构成犯罪。

结合《21 世纪的遗产保护》中有关海洋历史资源保护的建议，我们可以看出，《遗产保护法案草案》中的有关规定正是意欲实现上述建议。令人遗憾的是，该法案未对《水下文化遗产保护公约》的内容予以任何考虑，公约的某些原则及规定均未体现在法案中，如就地保护水下文化遗产作为首选、不得以交易或投机为目的对水下文化遗产进行商业开发、禁止捞救法和打捞物法的适用等。

二、美国

美国历来重视对自然遗产的保护，国家公园制度就是美国的创举。世界上第一个国家公园——黄石国家公园建于1872年，它的建立也标志着美国国家公园立法的开始。美国通过立法指定这个国家公园由内政部部长管理，并负责签署命令，达到“保护并防止破坏或损坏，保护所有林木、矿藏、自然遗产，保护公园里的奇景，保持公园的自然状态”的目的。1916年《国家公园系统组织法》的颁布，直接推动了国家公园管理局的设立，从而为国家公园、史迹、战场遗址、自然景观和国家保留区的保护奠定了基础。该法的颁布扩大了传统意义上的文化遗产保护范围，使这些文化遗产的周边景观也得到了整体关照；同时，山水、田园等自然景观的纳入，也进一步扩大了整个人类遗产的保护范围。因此，该法诞生的意义已经远远超出了体制建设范畴，对美国文化遗产及自然遗产的保护产生了积极影响。在环境保护方面，1969年的《国家环境政策法》将环境保护和文化遗产保护相结合，提出了文化资源保护的一个关键观念，即每项工程在规划阶段就必须就其对文化资源的影响进行评估，以便在决策时能妥善考虑应当采取的保护和补救措施。

美国是世界上最早对自然遗产进行保护的国家，也是自然和文化遗产协调保护较为成功的国家。美国不仅建立了完备的自然和文化遗产协调保护的法律体系，详尽规定了遗产管理的组织机构、资金机制、经营机制、监督机制等，还采取各种具体措施确保管理能力、管理手段与管理目标相适应。美国的自然遗产保护不是单纯对自然美景的保护，也包括对自然生态、物种基因等全方位的保护，并将自然资源与文化遗产紧密结合在一起进行整体保护。在这种整体保护的思路下，美国不仅设立了包括“国家湖滨”“国家景观大道”“国家保留地”“国家保护区”“国家休憩区”“国家河流”“国家海滨”“国家荒野与风景河流”等自然景观类国家公园，也设立了包括“国家纪念战场”“国家纪念地”“国家战场公园”“国家历史公园”“国际历史街区”“国家战场”“国家军事公园”“国家历史街区”等人文景观类国家公园。这种整体保护的模式有效地保护了自然及文化遗产以及其周边的环境景观，可以为中国自然及文化遗产的保护提供借鉴。

三、法国

法国关于考古发掘的规定如下。1941年《关于考古发掘的规则》中规定，未经许可，任何人不得为寻找具有史前、历史、考古等价值的物品而在自己或他人的土地上进行勘测和发掘。如果进行发掘，则必须向文化事务部申请。申请书的格式和时间都有详细规定。在得到批准后，也必须在文化事务部的监督下进行。对发掘出来的不可移动物，文化事务部可以采取保护措施或者主张权利。而且，国家同样有权主动在非国有土地上进行发掘工作，并有权临时占用该土地。2004年颁布的《遗产法典》设专章对考古工作进行规范，确立国家在考古工作中的主导地位；同时，创设“预防性考古发掘”的方法，规定由公共机构对具有文化遗产价值的考古项目进行先行的预防性考古发掘（《遗产法典》L523-1）。依据法律规定，预防性考古发掘将得到国家的资金支持，可能涉及考古发掘的非公共机构的活动则同时受到《环境法》《城市规划法》和《建筑与居住法》等法律的调整。

四、意大利

1939年6月29日，一部编号为“1497号”的法律在意大利通过。这部法律的核心内容是保护自然遗产。在意大利王国时期，政府对这部法律进行了修改。例如，意大利政府就曾经在全国范围内禁止新建建筑物超过一定高度，以保护某些街区的景观不受破坏；威尼斯地方政府也通过法律保护某些特定的街区，以保证具有威尼斯特色的、作为交通工具的窄船的通行，同时可以保护文化遗产所处环境。除此之外，1940年6月3日，意大利政府通过第1357号《关于保护自然景观法律的实施细则》。这部实施细则对自然景观的保护作了更为细致的规定。出于对历史街区的重视。1942年8月17日，意大利政府第一次通过法律保护城市历史街区，该法的目标是控制城市发展规模确保传统的特色得到尊重，同时推动其发展。

五、日本

日本是亚洲少数几个已实现全面现代化，同时又对传统文化异常珍视、在文化遗产保护与利用方面走在世界前列的国家之一。

在日本文化遗产保护中，有一种“历史风尚”保护。所谓“历史风尚”，一般是指与历史建筑物相关的周边景观和环境。日本对“历史风尚”的保护有着悠久的历史传统。早在1960年的《古都保护法》就提出了“历史风土地区”这个概念。该法规定了古都的认定方法，要求古都应当在历史上曾是全国的政治中心，或为某个历史时期重要的文化中心，集中保存着大量文物古迹，其周围的环境也基本保持着历史的面貌，目前已受到城市开发建设的威胁，有必要予以及时维护并需要确定保护对策的市、町、村。“历史风土地区”是指“在国家历史上有意义的建(构)筑物、遗址等,与其周围的环境共同形成的能体现古都传统和文化的环境风貌”。可以看出,日本政府对历史古迹的保护重点不只是文物本身,还包括文物古迹周围的环境,要求周围的环境保持历史原貌,与文物古迹一起共同体现出古都的传统与文化。为了更好地保护古迹周边环境,该法设立了“历史风貌保护区域”。在该保存区域内,不但古建筑受到保护,与这些古迹成为一体的“背景”区域以及各个文物古迹之间的连接地带,都将作为一个规划整体受到保护。同时,该区域内的所有建设行为都受到限制,只有在向地方政府申报同意后才允许实施。1975 年修订的《文化财保护法》将《古都保存法》中确立的整体保护理念进一步发扬光大,创立了“传统建造物群保存地区”制度,对一般城镇内的历史街区以及以村落聚落景观为代表的历史环境进行切实保护与合理利用。《文化财保护法》规定:“传统建造物群”是指“与周围环境一体并形成了历史景观的传统建造物群中具有较高价值的部分”;“传统建造物群保存地区”则是“为保护传统建造物群以及与这些建造物形成一体并构成其整体价值的环境”。该法规定,关于传统建造物群和周围环境一体所形成的历史风貌的保护,由市、町、村划定保护范围、制定保护条例。国家(由文部大臣负责)在市、町、村指定的传统建造物群保存地区中,选定具有较高价值的地区或地区的一部分作为全国重要传统建造物群保存地区,对其保护给予必要的财政援助及技术指导,地方政府、公共团体对此保护也给予必要的协助。《古都保存法》中所确立的“历史风貌保护区域”仅仅为重要古都,而《文化财保护法》中“传统建造物群保存地区”将保护对象扩充到一般城镇的历史街区和历史环境。

2008 年 5 月,日本颁布了一部整合历史环境保护和地域文化复兴的综合性法律——《关于地域的历史风尚维护和改善的法律》,该法规定“历史风尚是指反映地域固有的历史和传统的人的活动、与作为活动场所的具有较高历史价值的建造物及周边街区融为一体所形成的良好的街区环境”。在该法出台后,日本内阁又颁布了《历史风尚法施行令》等相关政令,日本国土交通省、农林水产省和文部科学省颁布了《历史风尚法施行规则》,针对该法实施过程中出现的实际问题做出具体规定。此外,日本政府还制定了《地域历史风尚维护改善的基本方针》《历史风尚法运用方针》等规范性文件。前者规定了历史风尚维护改善规划认定的标准等基本事项,后者针对地方政府在付诸实施时所需履行的手续、原则等做了详尽规定。

第二节 从《西安宣言》看文化遗产保护与环境保护关系理念的演变

应中国古迹遗址保护协会的邀请，2005年10月17日至21日，国际古迹遗址理事会第十五届大会在我国古城西安召开。作为联合国教科文组织世界遗产委员会的官方咨询机构——国际古迹遗址理事会，此前的14次大会都在西方文化发祥地举办。此次大会选择在中国召开，是国际古迹遗址理事会这样的国际学术组织首次在中国举行学术会议，弥补了东方文化在国际古迹遗址保护领域的缺憾，这也代表了我国遗产保护水平的提高，参与国际遗产保护事务的增多和国际地位的提升。

大会期间举办的“古迹遗址及其周边环境——在不断变化的城镇和自然景观中的文化遗产保护”国际科学研讨会上，各国代表所交流的众多案例和反思，促使大会形成并通过了“保护历史建筑、古遗址和历史地区环境”的《西安宣言》。

《西安宣言》是来自全世界的近千名文物、考古、建筑、园林、规划、法规、景观等方面的专家，字斟句酌，百般推敲，最后一致通过了这一历史性的文献，是一部专门关于保护文化遗产环境的重要文献，它将环境对于遗产和古迹的重要性提升到一个新的高度。宣言认为：“古建筑、古遗址和历史区域的周边环境指的是紧靠古建筑、古遗址和历史区域的和延伸的、影响其重要性和独特性或是其重要性和独特性组成部分的周围环境。除了实体和视角方面的含义之外，周边环境还包括与自然环境之间的相互关系；所有过去和现在的人类社会和精神实践、习俗、传统的认知或活动、创造并形成了周边环境空间中的其他形式的非物质文化遗产，以及当前活跃发展的文化、社会、经济氛围。”[①] 同时，不仅仅提出对历史环境深入的认识和观点，还进一步提出了解决问题和实施的对策、途径和方法。宣言“强调有必要采取适当措施应对由于生活方式、农业、发展、旅游或大规模天灾人祸所造成的城市、景观和遗产路线急剧或累积的改变，有必要承认、保护和延续遗产建筑物或遗址及其周围环境的有意义的存在，以减少上述进程对文化遗产的真实性、意义、价值、整体性和多样性所构成的威胁”，具有较高的指导性和实践意义。

《西安宣言》是具有里程碑意义的国际性文化遗产保护文件，因为在20世纪

① 国际古迹遗址理事会．西安宣言［G］// 国家文物局．国际文化遗产保护文件选编．北京：文物出版社，2007：375.

60年代之前，国际上对于遗产的保护还处在单体保护和局部保护的阶段，对于保护遗产真实性的认识和具体原则、方法还没有明确的定义。国际上对于历史遗产保护的科学认识是从《威尼斯宪章》开始的。从1964年《威尼斯宪章》诞生到现在的40多年间，随着人类对文化遗产认识和实践的不断深入，文化遗产保护理念有许多新的变化，这些变化不是后者对前者的否定，而是对前者的补充与完善。

1964年5月，第二届历史古迹建筑师及技师国际会议在威尼斯通过的《关于古迹遗址保护与修复的国际宪章》（即《威尼斯宪章》），第一次在文物古迹的保护中引入了环境的概念，指出"历史古迹的概念不仅包括单个建筑物，而且包括能从中找出一种独特的文明、一种有意义的发展或一个历史事件见证的城市或乡村环境"。"凡传统环境存在的地方必须予以保存，决不允许任何导致改变主体和颜色关系的新建、拆除或改动。""修复过程是高度专业性工作，其目的旨在保存和展示古迹的美学和历史价值，应以尊重原始材料和确凿文献为依据。""各个时代为一古迹之建筑物所做的正当贡献必须予以尊重，修复的目的不是追求风格的统一。""预先就要禁止任何的重建。"[①] 这些重要概念，促成了20世纪60年代末、70年代初世界范围内城市历史建筑和遗产保护的国际潮流的出现。

随着社会经济和现代工业化的高速度发展，自然资源、人口、粮食和环境等一系列影响社会生产和生活的问题日益突出；同时，人类活动范围的日益扩大，正在直接和间接地影响着生物圈。1972年11月，联合国教科文组织第17届会议在巴黎通过的《保护世界文化和自然遗产公约》（即《世界遗产公约》），第一次明确了"文化和自然遗产"的定义。公约主要规定了文化遗产和自然遗产的定义，文化和自然遗产的国家保护和国际保护措施等条款。公约规定了各缔约国可自行确定本国领土内的文化和自然遗产，并向世界遗产委员会递交其遗产清单，由世界遗产大会审核和批准。凡是被列入世界文化和自然遗产的地点，都由其所在国家依法严格予以保护。其中"文化遗产"包括文物、建筑群和遗址，而遗址指"从历史、审美、人种学或人类学角度看具有突出的普遍价值的人类工程或自然与人联合工程以及考古地址等地方"；"自然遗产"则包括"从审美或科学角度看具有突出的普遍价值的由物质和生物结构或这类结构群组成的自然面貌；从科学或保护角度看具有突出的普遍价值的地质和自然地理结构以及明确划为受威胁的动物和植物生境区；从科学、保护或自然美角度看具有突出的普遍价值的

① 第二届历史古迹建筑师及技师国际会议. 关于古迹遗址保护与修复的国际宪章（威尼斯宪章）[G]// 国家文物局. 国际文化遗产保护文件选编. 北京：文物出版社，2007：52.

天然名胜或明确划分的自然区域”。[①]“文化遗产”是随着社会发展产生的一个新的观念，并且引发了一场声势浩大、影响广泛的国际文化运动。它的产生反映了人类认识和对待自身文化的包容性不断扩大，例如“文化遗产”中的“自然与人联合工程”，就引起人们日益深入的思考。《保护世界文化和自然遗产公约》为遗产保护提供了制度化的保障，强调了物质材料历史的真实性。

1976年11月，联合国教科文组织第十九届会议在内罗毕通过的《关于历史地区的保护及其当代作用的建议》（即《内罗毕建议》），提出了若干对于历史地区如何保护的观点和方法；认为历史地区是各地人类日常环境的组成部分，它们代表着形成其过去的生动见证；历史地区为文化、宗教及社会活动的多样化和财富提供了最确切的见证，保护历史地区并使它们与现代社会生活相结合是城市规划和土地开发的基本因素；而遗产是社会昔日的生动见证，对于人类和对那些从中找到其生活方式缩影及其某一基本特征的民族，是至关重要的；整个世界在扩展或现代化的借口之下，拆毁和不适当的重建工程正给这一历史遗产带来严重的损害；认为历史地区是不可移动的遗产，其损坏即使不会导致经济损失，也常常会带来社会动乱；各成员国当务之急是采取全面而有力的政策，把保护和复原历史地区及其周围环境作为国家、地区或地方规划的组成部分，并制定一套有关建筑遗产及其与城市规划相互联系的有效而灵活的法律。第一次提出了“历史和建筑地区”的概念，指出“‘历史和建筑（包括本地的）地区’系指包含考古和古生物遗址的任何建筑群、结构和空旷地，它们构成城乡环境中的人类居住地，从考古、建筑、史前史、历史、艺术和社会文化的角度看，其凝聚力和价值已得到认可。在这些性质各异的地区中，可特别划分为以下各类：史前遗址、历史城镇、老城区、老村庄、老村落以及相似的古迹群”。同时，明确了“环境”和“保护”的定义，即“‘环境’系指影响观察这些地区的动态、静态方法的、自然或人工的环境”在这层意义上，定义不仅涉及趋于静态的文物、建筑物与遗址，还考虑到社会文化进程中的动态性以及历史和建筑地区环境要素的延续性，而“‘保护’系指对历史或传统地区及其环境的鉴定、保护、修复、修缮、维修和复原”[②]。之后，人类环境和文化遗产保护问题更加引起世界范围的重视。

恰好也在1977年，《实施世界遗产公约的操作指南》（即《操作指南》）作为

① 联合国教科文组织．保护世界文化和自然遗产公约［G］// 国家文物局．国际文化遗产保护文件选编．北京：文物出版社，2007：71.

② 联合国教科文组织．关于历史地区的保护及其当代作用的建议（内罗毕建议）［G］// 国家文物局．国际文化遗产保护文件选编．北京：文物出版社，2007：93.

《世界遗产公约》的实施细则予以公布，明确提出了评价世界文化遗产和自然遗产突出的普遍价值的标准及其真实性、完整性和相关管理要求。在理论界，1978年，J. D. 西蒙兹（J. D. Simonds）在《人地景观》中全面阐述了生态要素分析方法、环境保护、生活环境质量提高，乃至于生态美学的内涵，从而把生态景观研究推向了“研究人类居住空间与视觉总体的高度”。

1980年8月，在东京召开的第二十四届国际地理大会上，大会主席、伦敦大学教授M. J. 怀斯（M. J. Wise）在开幕词中指出：“在今日世界人口日增，环境急剧恶化，资源匮乏和自然灾害频发的处境中，如何协调自然环境和人类文化生活的关系，已成为国际地理学界所面临的主要研究任务。”美国未来学者A. 托夫勒（A. Toffler）于1980年出版了《第三次浪潮》，认为人类已经经历了两次巨大的变革浪潮，第一次是农业革命，第二次是工业革命；而电脑的发明标志着人类进入了第三次浪潮，即信息革命时代，并将从根本上影响人们的生产方式、政治准则、生活方式、社会传统及意识形态等。美国经济学家J. 奈斯比（J. Naisbitt）于1982年出版了《大趋势——改变我们生活的十个新方向》，提出了未来社会的十个发展方向。在诸多学派中，人文主义学派强调城市空间秩序最终是生态秩序的产物，人类社会在生物学和文化的两个层面上被组织，从而发生着类似于生物界的竞争、淘汰、演替等过程。生态主义学派强调城市是一种生态系统，人的生活要从自然界的背景中得到理解。因此人不再是中心，而只是自然界的一个组成部分，人类必须放弃那种认为科学和技术能够解决所有问题的错误想法，变得谦虚、温和与适度。这些思想反映了人与自然的关系从尊重顺应，到控制征服，到保护利用，直至上升到和谐共处的演进过程，启发人类在获得改造旧世界巨大能力的同时，应谋求更加理想的人居环境。1984年，M. 荷夫（M. Hough）在《城市形态和自然过程》中，重点论述了城市的自然演进过程与城市空间营造的关系问题。

1987年10月，《保护历史城镇和地区宪章》（《华盛顿宪章》）进一步扩大了历史古迹保护的概念和内容，即提出了现在学术界通常使用的历史地段和历史城区的概念；认为环境是体现真实性的一部分，并需要通过建立缓冲地带加以保护。历史地段保护更关心的是外部的环境，强调保护和延续这里人们的生活。

1994年，《奈良真实性宣言》（简称《奈良宣言》）提出，“真实性是文化遗址价值的基本特征，对真实性的了解是进行文化遗址科学研究的基础”；“保护一座文物建筑，意味着要适当地保护其环境。任何地方，凡传统的环境还存在，就必须保护”。“文化和遗址的多样性是我们这个世界不可取代的精神资源和全人类的智慧财富”；“文化和遗址的多样性是跨时空存在的，需要得到各种文化和信仰的尊重”。在强调保护文物古迹真实性的同时肯定了保护方法的多样性。

在此期间，一系列相关问题的国际公约和文件相继问世，成为人们步入21世纪的共同行动纲领，标志着实现人类与自然和谐发展成为全球共识。例如，1996年联合国第二次“人类住区”会议，发表了各国政府承诺致力于改善全球特别是不发达国家人居环境的《伊斯坦布尔宣言》；2001年联合国教科文组织第31届会议通过了《世界文化多样性宣言》，这份文件表明国际社会有史以来第一次承认文化多样性是“人类的共同财产”，并就一个在文化表现形式上更丰富多彩的世界，对所有的民族都更为有益达成共识。我国也制定并公布了《中国21世纪议程——中国21世纪人口、环境与发展白皮书》，将可持续发展作为基本国策之一。21世纪人类进入“生态时代”，生态思想成为人们解决所有与生命现象有关问题的具有普遍意义的指导思想，在这一背景下，强调人类与自然和谐相处的文化价值观和生活方式极为重要。

此类国际宪章还有其他若干，如《会安宣言——保护亚洲历史街区》(2003年)、《整修巴姆文化遗产宣言》(2004年)以及《首尔宣言——亚洲历史城镇和地区的旅游》(2005年)等。上述各类国际宪章是在一定时间内发挥重要作用和具划时代意义的，在此基础上，针对当前城市和人类聚居环境发展的现状，2005年10月17日至21日，在古城西安，专家们进一步认识到环境对于古迹和遗产的重要性，在《西安宣言》中提出了以下重要观点。

(1)要认识到环境对历史建筑、古遗址和历史地区的重要性。

认识到历史建筑、古遗址或历史地区的环境，是其重要性和独特性的组成部分。除实体和视觉方面含义外，环境还包括与自然环境之间的相互作用，以及非物质文化遗产方面的利用或活动。

(2)认识不同背景下的环境。

提出理解、记录和阐释环境对于界定和评价任何建筑、遗址或地区的遗产价值十分重要。对环境的充分理解需要利用多学科知识和各种不同的信息资源。环境的界定应十分明确地阐述环境的特点和价值及其与遗产资源之间的关系。

(3)通过规划手段保护和管理环境。

提出环境的可持续管理，必须前后一致地、持续地运用有效的规划、法律、政策、战略和实践等手段，同时还须反映当地的文化背景。在历史建筑、古遗址和历史地区环境内的开发应当有助于其重要性和独特性的展示和体现。

(4)对影响环境的变化进行监测与掌控。

提出历史建筑、古遗址和历史地区环境的变化是一个渐进的过程，此过程必须得到监测和掌控。开展环境变化的监测，并就保护、管理和展示活动提出改进措施。评估环境对历史建筑、古遗址和历史地区的重要性所产生的作用，并应制定定性和定量的指标。

（5）与当地、跨学科领域和国际社会进行合作增强环境保护和管理的意识。

提出与当地和相关社区的协力合作和沟通是环境保护和管理的可持续发展战略的重要组成部分。在环境保护和管理方面，应鼓励不同学科领域间的沟通以及与自然遗产领域机构和专家的合作，将其作为对历史建筑、古遗址和历史地区及其环境进行认定、保护和展示的有机组成部分。

总之，文化遗产是历史信息的载体，离开了环境，就将成为孤零零的标本。单体的文物固然重要，有着文化生态意义的环境同样重要，整体性的历史环境提供给人的精神记忆更加强烈。因此，“环境”应被认为是体现文化遗产真实性的重要部分。

所以，《西安宣言》研讨对象的英文单词是“Setting”。对《西安宣言》的正确解读首先应该弄清这个英文单词的准确含义。乍看“Setting”一词，狭义地理解，人们或许会把它仅仅理解为遗产周围的景观环境和卫生状况。实际上，这里的环境涵盖的是遗产内存的与外部的、个体的与相互的，历史的与现在的，物质的（有形）与非物质的（无形）复合的客观存在及多方面的相互关系。在参会的《通知》中，“Setting”被译为“背景环境”；现代英汉综合大词典对“Setting”有多达 13 种中文词义翻译，其中与环境意义相近的有两种翻译：① 环境、背景、故事发生的地方；②（舞台等的）布景、（花园等的）布置。从以上两种翻译可看出，“Setting”它既包含了“有形”的实物环境，也包含了“无形”的抽象背景信息。“背景环境”这种翻译似乎过于强调其无形信息部分，实物环境概念未能充分表达，而宣言中的“Setting”更多地是指实物环境。中国的同行们又把“Setting”译作“周边环境”，后来发现这与提出这一概念的含义相差甚远。因为“周边环境”的翻译将“Setting”固定在一定的空间范围内，虽然宣言中的环境主要是指文化遗产周边的环境，但也可以包括更远距离的环境。比如日本专家在会议中讲到的例子：京都的圆通寺公园在日本以“借景”（borrowed scenery）而出名，几十千米以外的比叡山及其轮廓是公园的一个重要景观，当然这座山并不在公园以内，由于比叡山与公园有着独特的联系，对公园的保护当然也包括对这座山及公园与山之间视觉范围的保护。因而，“Setting”不应该仅仅局限于具体的空间或地域范围，应根据不同的情况来确定。在后来的《西安宣言》中文正式版中它被译为“环境”。宣言中文终稿将“Setting”翻译为“环境”，显然是对该概念所包含的实物环境与非物质环境的一种折中并加以解释，从而准确、全面地理解它，并应用到实践中去。国际同行们在交换意见的过程中，同意中国同行的解释与做法。

虽然无法找到一个好的中文单词与“Setting”相匹配，但宣言对它的定义可以让我们更好地理解它所指的内容。《西安宣言》第一条对“Setting”这样定义：“历史建筑、古遗址或历史地区的环境，界定为直接的和扩展的环境，即作为或构成其重要性和独特性的组成部分”。这个定义具有两个方面的含义。首先，从地理空间来讲，“Setting”不仅是指直接相邻的周边环境；同时也包括非相邻的扩展了的环境，其空间与地域概念不是固定的，而是灵活的，视各遗产地的情况而定。其次，从环境所代表的内涵信息上讲，只要是构成对“Setting”有重要意义和明显特性的组成部分都可以称之为文化遗产的环境。也就是说，这个环境不仅包含了看得见、摸得着的实物环境，也包括无形的非物质文化成分，它们一起构成了文化遗产的环境。对无形非物质文化环境的理解是非常重要的，宣言在定义后面又增加了一段文字，对此作了进一步说明：“除实体和视觉方面含义外，环境还包括与自然环境之间的相互作用；过去的或现在的社会和精神活动、习俗、传统知识等非物质文化遗产方面的利用或活动，以及其他非物质文化遗产形式，它们创造并形成了环境空间以及当前的、动态的文化、社会和经济背景。”因此，根据上面的分析我们可以知道，“Setting”从空间地理位置上讲，既包括与之紧邻的周边环境，也包括与之相联系的更广阔的环境；从概念范畴上看，既指实物环境，也指非物质的文化环境。

对文化遗产环境进行保护的核心是它必须具有重要价值，那么“Setting”的价值是什么呢？解析文化遗产环境价值的关键在于充分理解文化遗产本体与环境的关系上。首先，两者在外部特征和表现形式是很不一样的。一般地，文化遗产本体在外部表现形式上如建筑物，是非常的突出，是各种艺术的精华所在，是历史、科学、艺术价值的高度浓缩。而遗产环境在有形实体的存在形式上表现得不如遗产本体那么突出。

但并不能因为遗产环境在这些显性价值方面不如遗产本体就认为环境没有价值。从隐性的价值层面看，遗产环境反映的是遗产本体产生的社会和文化环境，是遗产本体赖以生存的土壤，因而具有同样重要的保护价值。比如“海上文化线路”，其最重要的环境是线路所赖以形成的海洋。从表面上看，海洋并没有什么重要的价值，但如果从海上文化线路产生的根源上来看，正是海洋环境的万千变化（潮汐、海风、海浪等）才促成了不同的“海上文化线路”。这千变万化的海洋正是海上文化线路得以产生的重要环境，还有海洋中的灯塔、海岛、海港等都是牵引“海上文化线路”形成的重要依托，都是“海上文化线路”赖以形成和发展的海洋环境。如果没有了这个环境，也许“海上文化线路”就根本不存在了，因而对这片水域的保护，具有与“海上文化线路”本体保护同等重要的位置。因此，我们说遗产环境的价值与遗产的价值同等重要。通过这个例子，我们可以对生涩难懂的《西安宣言》第二条关于环境价值的界定有了更好的理解，即:“不同规模的历史建筑、古遗址或历史地区，包括建筑个体、规划空间、历史城镇、陆地景观、海洋景观、文化线路和考古遗址，其重要性和独特性来自于人们所理解的其社会、精神、历史、艺术、审美、自然、科学或其他文化价值，也来自于它们与其物质的、视觉的、精神的以及其他文化的背景和环境之间的重要联系。”

《西安宣言》中关于“周边环境”的定义，对于普通读者来说过于专业了，但要义无非是说与文物本体的价值紧密相关的周围环境，常说的“保护范围”和“建设控制地带”就属于这一范畴。举例来说，北京景山公园里那棵崇祯上吊的树，如果离开了皇家禁宫的环境，就只不过是棵古树，其历史价值就大打折扣了，所以它的周边环境就是景山公园、故宫，乃至整个皇城保护区。

文物的周边环境包括平面的、立体的，自然的、人为的，动态的、静态的，有形的、无形的……它们与文物本体一样，既是历史的产物，又是历史的载体，反映的是历史上政治经济、文化艺术、科学技术、宗教信仰、风俗民情等社会各方面的情况。而它存在的过程中，又记载了历史发展进化中的各种信息。更重要的是，“每件文物，在其形成的当时必有其历史的原因、自然的原因，必定与特定的社会属性、意识形态属性、自然属性等密不可分，这就是它的环境，就是孕育它的母体。文物是历史信息的载体，离开了环境这个母体，就成了孤零零的标本。文物依赖于周边环境而存在，它的保留和生存如同树木森林的地理土壤一样，失去地理土壤，就失去了生存的条件，就失去了生机，就变成了枯树枯林。由于信息的缺失，人们不知其与当时社会、自然间的关系，所反映的历史内容模糊，其自身的价值也就相对降低了。在国际文物市场上，一尊知道躯干的龙门石窟的佛头，其价格比找不到躯干的佛头高 6 ～ 10 倍，原因就在于此。

遗憾的是，这一点在过去很长时间内都没有被意识到，保护仅限于文物本体。张柏举例说，一座古塔，如果塔体开裂了，人们会赶快加固维修，因为这是保护文物。而对塔周边环境的变化却置若罔闻，不会考虑在塔附近修一条铁路，火车的震动是否会对塔基产生影响？盖一座化工厂，排放的废气会不会腐蚀塔内的壁画？

认识上的误区和盲点造成了不少无可挽回的后果。例如在遵义会议旧址的走廊上，紧贴着院墙，某产品的广告牌正高高在上地俯视着这座革命旧址。类似的情形，不在少数。中宣部新闻局副局长罗佳明长期从事遗产保护工作，对此更是感慨:“一些看似保护得很好的纪念物,仅仅是因为周边环境被破坏,如使之失去背景规模或建造与之不相协调的现代建筑,这件纪念物就完全失去了意义。原因就在于破坏了文化遗产本体所依托的社会生产生活方式或者是文化传统的基础,也就是说,对文化遗产背景环境的社会和文化价值方面的破坏,直接导致遗产本体价值的损害。”

《西安宣言》起草小组的代表、澳大利亚籍的谢里登•伯克女士(Sheridan Burke)在向各国同行通报《宣言》起草稿时说到,《西安宣言》的“目标是制定一份简洁有效的文本,强调古迹遗址及其他遗产环境和背景的重要性,确保从视觉、物理或审美角度或在无形文化方面给予合理的关注与掌控”。

《西安宣言》是文化遗产保护事业从理念和理论迈入历史新阶段的成熟表征。它系统地宣告,相关环境是遗产完整价值不可缺少的组成部分,而不是可有可无的附着物。必须动员全社会、多学科的力量周详、细致、深刻地解读、认证和欣赏形形色色的遗产环境,虔诚地尊重和爱护环境,严格谨慎地保护环境,尽可能充分地阐释环境。使遗产与其所处传统环境一起通过科学的规划、保护与管理和谐完整地长久留存下去。为当代人,更为子孙后代更好地、可持续地享用遗产丰富深厚的历史文化底蕴和隽永的美,提供完善、可靠的保障。这是《西安宣言》字里行间表达出的全球文化遗产保护业界的共识和洋溢着的使命感与激情。

附:西安宣言(全文)

西安宣言——关于古建筑、古遗址和历史区域周边环境的保护(国际古迹遗址理事会第十五届大会于2005年10月21日在西安通过)。

导言

应中国古迹遗址保护协会的邀请,我们于2005年10月17日至21日在古城西安召开国际古迹遗址理事会第十五届大会并庆祝该组织成立40周年,回顾她为维护和保护作为可持续和人文发展的一部分的世界文化遗产所做出的长期努力;得益于大会期间召开的“古迹遗址及其周边环境——在不断变化的城镇和自然景观中的文化遗产保护”国际科学研讨会上所交流的众多案例和反思,以及得益于中国和各国政府、研究机构和专家关于在加速变化和发展的条件下充分保护和管理古建筑、古遗址和历史区域(诸如古城、自然景观、古迹路线和考古遗址)的经验;注意到《国际古迹遗址保护及修复宪章》(即《威尼斯宪章》,1964年)以及该宪章所引发产生的其他许多文件中所体现出的对古迹遗址周边环境保护的国际的和专业领域内的兴趣——这种兴趣尤其是通过国际古迹遗址理事会的国家委员会和国际委员会表现出来,并体现在《奈良真实性文件》(1994年)和其他国际会议所通过的结论和建议中,诸如:《会安宣言——保护亚洲历史街区》(2003年)、《恢复巴姆文化遗产宣言》(2004年)以及《汉城宣言——亚洲历史城镇和地区的旅游业》(2005年);注意到联合国教科文组织的公约和建议中关于"周边环境"的概念,包括《关于保护景观和遗址的风貌与特性的建议》(1962年)、《关于保护受到公共或私人工程危害的文化财产的建议》(1968年)、《关于历史地区的保护及其当代作用的建议》(1976年)、《保护无形文化遗产公约》(2003年),尤其是《保护世界文化和自然遗产公约》(1972年)及其执行性原则——在这些文件中,"周边环境"被认为是体现真实性的一部分并需要通过建立缓冲区加以保护,这也为国际古迹遗址理事会、联合国教科文组织以及其他合作伙伴进行国际和跨学科合作提供了机会;强调有必要采取适当措施应对由于生活方式、农业、发展、旅游或大规模天灾人祸所造成的城市、景观和遗产路线急剧或累积的改变;有必要承认、保护和延续遗产建筑物或遗址及其周边环境的有意义的存在,以减少上述进程对文化遗产的真实性、意义、价值、整体性和多样性所构成的威胁;国际古迹遗址理事会第15届大会的代表特此通过如下有关原则和建议的宣言,并将它告知所有能够通过立法、政策制定、规划和管理等途径促进宣言目标实现的政府间组织、非政府组织、中央和地方政府、机构和专家,以便更好地保护世界古建筑、古遗址和历史区域及其周边环境。

承认周边环境对古迹遗址重要性和独特性的贡献

1. 古建筑、古遗址和历史区域的周边环境指的是紧靠古建筑、古遗址和历史区域的和延伸的、影响其重要性和独特性或是其重要性和独特性组成部分的周围环境。

除了实体和视角方面的含义之外,周边环境还包括与自然环境之间的相互关系;所有过去和现在的人类社会和精神实践、习俗、传统的认知或活动、创造并形成了周边环境空间中的其他形式的非物质文化遗产,以及当前活跃发展的文化、社会、经济氛围。

2. 不同规模的古建筑、古遗址和历史区域(包括城市、陆地和海上自然景观、遗址线路以及考古遗址),其重要性和独特性在于它们在社会、精神、历史、艺术、审美、自然、科学等层面或其他文化层面存在的价值,也在于它们与物质的、视觉的、精神的以及其他文化层面的背景环境之间所产生的重要联系。

这种联系，可以是一种有意识和有计划的创造性行为的结果、精神信念、历史事件、对古遗址利用的结果或者是随着时间和传统的影响日积月累形成的有机变化。

理解、记录、展陈不同条件下的周边环境

3.理解、记录、展陈周边环境对定义和鉴别古建筑、古遗址和历史区域的重要性十分重要。

对周边环境进行定义，需要了解遗产资源周边环境的历史、演变和特点。对周边环境划界，是一个需要考虑各种因素的过程，包括现场体验和遗产资源本身的特点等。

4.对周边环境的充分理解需要多方面学科的知识和利用各种不同的信息资源。这些信息资源包括正式的记录和档案、艺术性和科学性的描述、口述历史和传统知识、当地或相关社区的角度以及对近景和远景的分析等。同时，文化传统、宗教仪式、精神实践和理念如风水、历史、地形、自然环境价值，以及其他因素等，共同形成了周边环境中的物质和非物质的价值和内涵。周边环境的定义应当十分明确地体现周边环境的特点和价值以及其与遗产资源之间的关系。

通过规划手段和实践来保护和管理周边环境

5.可持续地管理周边环境，需要前后一致地、持续地运用有效的法律和规划手段、政策、战略和实践，同时这些方法手段还需适应当地的文化环境。

管理背景环境的手段包括具体的立法措施、专业培训、制定全面保护和管理的计划以及采用适当的遗产影响评估系统。

6.涉及古建筑、古遗址和历史地区的周边环境保护的法律、法规和原则，应规定在其周围设立保护区或缓冲区，以反映和保护周边环境的重要性独特性。

7.规划手段应包括相关的规定以有效控制外界急剧或累积的变化对周边环境产生的影响。

重要的天际线和景观视线是否得到保护，新的公共或私人施工建设与古建筑、古遗址和历史区域之间是否留有充足的距离，是对周边环境是否在视觉和空间上被侵犯以及对周边环境的土地是否被不当使用进行评估的重要考量。

8.对任何新的施工建设都应当进行遗产影响评估，评估其对古建筑、古遗址和历史区域及其周边环境重要性会产生的影响。

在古建筑、古遗址和历史区域的周边环境内的施工建设应当有助于体现和增强其重要性和独特性。

监控和管理对周边环境产生影响的变化

9. 古建筑、古遗址和历史区域的周边环境发生的变化所产生的个别的和积累的影响，以及这种变化的速度是一个渐进的过程，这一过程必须得到监控和管理。

城乡景观、生活方式、经济和自然环境累积或急剧的改变可以显著地、不可挽回地影响周边环境对古建筑、古遗址和历史区域重要性所作出的真正贡献。

10. 应当管理古建筑、古遗址和历史区域周边环境的变化，以保留其文化重要性和独特性。

管理古建筑、古遗址和历史区域的周边环境的变化并不一定需要防止或阻挠其发生变化。

11. 进行监控，应当对识别、衡量、组织和补救古迹遗址的腐蚀、重要性消失或平庸化所采取的途径和行动加以明确，并就古迹遗址的保护、管理和展陈活动提出改进措施。

应当制定定量和定性指标，评估周边环境对古建筑、古遗址和历史区域的重要性所产生的贡献。

监控指标应当包括硬性指标，如对视野、轮廓线和公共空间的侵犯，空气污染、噪声等，以及经济、社会或文化等层面的影响。

与当地、跨学科领域和国际社会进行合作，增强保护和管理周边环境的意识

12. 同当地和相关社区的协力合作和沟通，是古迹遗址周边环境保护的可持续发展战略的重要组成部分。

在保护和管理周边环境方面，应当鼓励不同学科领域间的沟通，这应当成为一种公认的惯例。相关的领域包括建筑学、城市和地区规划、景观规划、人类学、考古学、历史学、人类文化学、博物馆学、档案学等。

应当鼓励与自然遗产领域的机构和专家的合作，这应当是对古建筑、古遗址和历史区域及其周边环境进行确认、保护和展陈的有机组成部分。

13. 鼓励进行专业培训、展示、社区教育和公众意识的培养，以此支持各种合作和知识的分享，促进保护目标的实现，提高保护手段、管理计划及其他相关手段的效率。

应当借鉴从个别古建筑、古遗址和历史区域保护中获得的经验、知识和手段，应当被用来改进周边环境的保护。

专家、机构、当地和相关社区人员应共同担起责任，充分认识周边环境在各方面的重要性；在做决定时，应该充分考虑周边环境有形和无形的层面。

第四章

环境法对“海上文化线路”遗产的保护现状及存在的问题

第一节　环境法对“海上文化线路”遗产的保护现状

海洋孕育了人类文明。中国几千年传承下来的“海上文化线路”是中国海洋文明发展的历史见证,“海上文化线路”上的每一个岛屿、每一座灯塔、每一个港口,都诉说着中国几千年与世界交流的壮举;而在一条条海上文化线路上发生的海难而沉没于海底的船舶、瓷器、丝绸等物品,则见证了中国先进的物质文明和被世界推崇的天朝上国的辉煌。而今天,科技的进步为人们发现和获取海上文化线路上的文化遗产,尤其是诸如沉船沉物之类的水下文化遗产提供了很大便利,但同时也造成了巨大的破坏。在海洋环境方面,大批的商业打捞者为追求高额利润而采取的破坏性打捞法,不仅是对珍贵文物的粗暴的毁灭,也是对文物周围的海洋环境的严重破坏。例如,早在 1974 年一份为土耳其当局提供的研究报告就表明,在所检查的土耳其近岸海域已经没有尚未受到干预的典型沉船了。[①] 而由于沉船沉物已经和它们周围的海洋环境形成了一种共生状态,对沉船沉物的粗暴打捞,也对海洋的生态环境带来毁灭性的打击。

《保护世界文化和自然遗产公约》将威胁文化遗产的因素归结为蜕变加剧、大规模公共或私人工程的威胁、城市化或旅游业迅速发展造成的消失危险、土地利用的变更或易主造成的破坏、未知原因造成的重大变化、随意摒弃、武装冲突

---

① UNESCO. Preliminary Study on the Advisability of Preparing An International Instrument for the Protection of the Underwater Cultural Heritage[C]. Pairs: UNESCO General Conference Twenty-eighth Session, 1995: 5.

的爆发或威胁、灾害和灾变等。

总结以上因素，可将威胁我国文化遗产的因素归结为两个方面。一方面为自然风化与灾害的因素。在自然风化的作用下，缺乏技术手段保护的文化遗产难免受损，而自然灾害更是如此。比如见证了宋代中国北方地区悠久海上经营历史的处于枢纽地位的山东青岛胶州的板桥镇遗址，作为宋代重要的北方港口之所以沉睡地下近千年，是因为元末明初以来，胶州湾发生了几次大海啸和十几次大水灾，一次次水淹造成泥沙淤积，板桥镇遗址被掩埋在地下，云溪河也被逐渐淤积起来，整个地表层向上抬高了 6 米左右。板桥镇就这样被埋在地下，逐渐消失在人们的记忆里。另一方面是人为的因素，例如水下文化遗产长期以来不时有被盗窃、破坏、变卖的事情发生。我国在“抢救”性考古发掘“碗礁Ⅰ号”时，勘察船甚至无法靠近沉船海面。那周围布满了 20 多艘哄抢文物的渔船，这些人为了捞到“宝贝”，甚至用土制炸药炸开沉船，这无论是对水下文化遗产还是对海洋环境都无疑是灭顶之灾。以上文化遗产受损的共同点是对环境不同程度的破坏直接影响了文化遗产本身。

一、环境法保护文化遗产的必要性

（一）环境法是保护文化遗产的法律武器

文化遗产是祖先留给我们的宝贵财富。经过漫长的岁月侵袭，已经非常脆弱，需要我们精心呵护。但是在现代社会，工业化、城市化和全球化给文化遗产的保护带来了极大的挑战，很多国家的工业化和城市化过程都伴随着对文物古迹的严重破坏。尤其是中国这样的发展中国家，由于错误的发展观和政绩观，因房地产开发、基础建设或旧城改造等原因，许多文物古迹以惊人的速度消失了。由于错误的意识形态的指导、经济发展的不平衡、强势文化的冲击，以及生态环境的迅速改变等多种原因，非物质文化遗产也命运堪忧，很多传统工艺、民间文学、传统表演艺术等文化表现形式都面临失传甚至已经失传。文化遗产法为国家和各级政府保护文化遗产设置了明确的职责，为全社会保护文化遗产指明了方向。为遏制文化遗产的不断被破坏和灭失提供了法律保障。

（二）环境法为政府及其职能部门履行文化遗产保护和管理的职责提供了法律依据

文化遗产在很大程度上是一种公共产品，需要国家为了全社会的共同利益，甚至子孙后代的福祉，来积极保护和管理文化遗产。但是，这种公共产品具有多重复合价值和属性，有的文化遗产既具备历史、艺术价值，还具有很高的经济价值；而有的文化遗产既没有观赏性也没有任何经济价值，无法给当地经济增长带来直接利益。政府部门可能为了追逐短期经济利益而对文化遗产保护的责任避重就轻，或者为了维护部门利益而彼此推诿。环境法可以明确规定文化遗产的保护方针、政策、措施和原则，规定各级政府和文化遗产行政主管部门的职能，以及公共文化遗产保护机构的职责和法律责任，使政府及其职能部门履行文化遗产保护和管理职责有法可依。

（三）环境法为公民和社会组织享用和保护文化遗产提供了有力保障

公民和社会组织是文化遗产保护的重要主体，其文化遗产权应由法律明确加以确认。对于私有的文化遗产，所有者或传承者可以依法享有使用、收益、经营、转让文化遗产的权利；但为了保证公共利益，其权益应受到法律的明确限制。对于集体所有的文化遗产的使用、经营和开发，法律保障当地社区参与决策和分享利益的权利，同时也鼓励社会公众的参与和监督；对于国有的文化遗产而言，全体国民都有权利接触、欣赏和利用，有权以志愿者的身份或组成公益团体参与文化遗产的保护，监督政府和公共文化遗产保护机构的保护和管理工作。总之，法律是分配和保障各种主体对文化遗产所享有的不同层次权益的重要依据。

（四）环境法是处理国际文化遗产争端的法律依据

文化遗产既然是人类的共同财富，其保护就不只是某个国家的内部事务，也是国际社会的共同事务。但是，国际社会通过公约对文化遗产进行保护只是最近几十年的事情，而人类对文化遗产的破坏和掠夺却是古已有之。清代学者龚自珍曾说过一句名言："灭人之国，必先去其史。"也就是说，要毁灭一个国家，就不能让该国的人民知道自己的历史，就必须毁掉该国的史籍和文化。所以自古以来征服者通常会将被征服者的宫殿、神庙、史籍等一并烧毁，并将象征被征服者权威和历史文化的物品比如图腾、王冠或精美的艺术品运回自己的国土，以炫耀自己的武力和功绩。两次世界大战给交战各方，尤其是被侵略国家的文化遗产带来的灾难，至今仍是被害国家及其人民无法弥合的伤痛。因此，制止这种悲剧的重演，并且为受害国家提供补偿，成为国际社会的重要任务。此外，文化财产的跨国非法流通也给文化遗产资源国的保护和管理带来巨大的灾难，打击文化财产非法贩运等犯罪行为，规范国际文化财产市场，需要国际间的密切合作。环境法为各国保护文化遗产、处理文化遗产国际争端提供了法律依据。

人类创造的文化都离不开特定的环境，各民族的文化特性都与特定的环境密不可分。人类在利用自然环境的过程中创造了文化瑰宝并形成了人文环境。保护文化遗产不单单是文化遗产自身的单体保护，不能和它所见证的历史与所产生的环境分离出来。“人与自然环境和人文环境相互联系，相互作用，两者的关系并不是以哪个为中心或一个对另一个的主宰和统治，而是两者相互作用和相互依赖。人与自然和谐发展是客观规律。”[①]

环境法传统的价值理念为“人类利益中心主义”，如前所述，“人类利益中心主义”的核心思想为只有人类具有内在价值，人类之外的环境因子只具有工具价值，人类是自然界的主人和征服者，地球上的一切物质都是为了人类而存在的。该理论只确认人的主体资格，认为人类具有内在价值，而人类之外的生命或非生命物质均为环境因子，它们是被作为主体的人类控制、支配的客体，只具有工具价值而没有内在价值。以人类利益为中心的环境法虽然旨在保护生态环境，但当与人类经济发展相矛盾时，环境保护只能退居其后了。在该理念的主导下，人们更加重视文化遗产的经济利用价值而忽略了其生态价值，结果是导致了不可避免的生态灾难。重新审视传统的“人类利益中心”理论，人类应当意识到自己并不是自然的主宰，自己只是整个生态系统的一部分，生态系统的各个环节是相互联系、相互制约的，生态环境本身的存在就是其内在价值的体现。确认人与自然的平等主体地位和内在价值，确立环境法的新的价值理念及理论基础，可以为保护包括文化遗产在内的生态环境提供理论前提。

“非人类中心主义的生态伦理观”认为，生态系统的各个环节是相互联系、相互制约的，生态环境本身的存在就是其内在价值的体现。确立“非人类中心主义的生态伦理观”在环境法中的价值理念与理论基础，承认生态环境的内在价值，尊重生态利益，才能真正实现环境法的本位目标。文化遗产体现了人类在生存中对自然环境的影响与改变。苏联科学家布德科在《全球生态》一文中认为，人类历史的大部分时间内，在生态上是协调的。这说明了文化遗产具有一定的生态价值属性。环境法价值理念的适应性变革与文化遗产生态性在理论上的契合为文化遗产的环境法保护提供了可能，而对文化遗产的保护也应从生态整体利益角度出发，建立健全相关环境法，有效保护文化遗产，体现尊重生态规律，促进生态系统的和谐可持续发展理念。

---

① 余谋昌．生态文化论［M］．石家庄：河北教育出版社，2001：243.

二、环境法体系中的文化遗产保护

环境法是20世纪新兴的综合性部门法。环境法保护的对象相当广泛，包括自然环境要素、人文环境要素和整个地球的生物圈；法律关系主体不仅包括一般法律主体的公民、法人及其他组织，也包括国家乃至全人类，甚至包括尚未出生的后代人；环境法调整的内容也相当广泛，不仅要防止大气污染、水污染、海洋污染、环境噪声污染、放射性污染、有毒化学品污染等，而且还要保护土地资源、森林资源、草原资源、水资源、矿产资源、物种资源、风景名胜资源和文化遗迹地等。由于环境法调整的范围相当广泛，涉及的社会关系复杂，运用的手段多样，从而决定了其所采取的法律措施的综合性。① 从环境法的调整范围来看，对文化遗产的保护问题，更侧重于对文化遗产作为资源属性的保护并保护其周边的环境，是将文化遗产放入整个生态系统中来整体考虑的，当然也涉及对文化遗产的开发、利用问题。

（一）我国环境法体系中涉及文化遗产保护的立法

环境法体系，是开发利用自然资源、保护改善环境的各种法律规范所组成的相互联系、相互补充、内部协调一致的统一整体。中国环境法律体系在内容上是由国家现行与环境有关的全部法律规范所组成的有机整体。②

我国现行环境与资源法律体系体现了环境法与自然资源法的融合观，坚持“宪法—基本法—单行法”的法律框架模式。

1. 宪法

宪法中有关国家保护历史文化遗产的宣誓性规定是文化遗产保护的重要依据。2004年3月14日第十届全国人民代表大会第二次会议通过的《中华人民共和国宪法修正案》第二十二条规定，国家保护名胜古迹、珍贵文物和其他重要历史文化遗产。

2. 基本法

环境与资源基本法——《中华人民共和国环境保护法》，是环境法与资源法的“母法”，是其他环境与资源综合性和单行法的统律法。

作为环境法的基本法即母法的《中华人民共和国环境保护法》中就涉及文

---

① 周珂. 环境法 [M]. 3版. 北京：中国人民大学出版社，2008：43.

② 金瑞林，汪劲. 20世纪环境法学研究评述 [M]. 北京：北京大学出版社，2003：65.

化遗产的保护问题。《中华人民共和国环境保护法》已由中华人民共和国第十二届全国人民代表大会常务委员会第八次会议于 2014 年 4 月 24 日修订通过，自 2015 年 1 月 1 日起施行。

《中华人民共和国环境保护法》第二条的保护范围中涉及文化遗产和自然遗产。“本法所称环境，是指影响人类生存和发展的各种天然的和经过人工改造的自然因素的总体，包括大气、水、海洋、土地、矿藏、森林、草原、湿地、野生生物、自然遗迹、人文遗迹、自然保护区、风景名胜区、城市和乡村等。”这也是在环境法中对文化遗产保护最为直接的表述。

《中华人民共和国环境保护法》第二十九条规定了国家在重点生态功能区、生态环境敏感区和脆弱区等区域划定生态保护红线，实行严格保护。其保护范围中涉及的“各级人民政府对具有代表性的各种类型的自然生态系统区域，珍稀、濒危的野生动植物自然分布区域，重要的水源涵养区域，具有重大科学文化价值的地质构造、著名溶洞和化石分布区、冰川、火山、温泉等自然遗迹，以及人文遗迹、古树名木，应当采取措施予以保护，严禁破坏”。这些区域中部分是属于文化和自然遗产的，但是在法律责任一章中缺乏相关法律责任规定。

3. 单行法

除了环境法的基本法《中华人民共和国环境保护法》关于文化遗产的规定之外，还有在环境法体系中的其他各环境与自然资源保护单行法。各环境与资源要素单行法是基本法的实施法，有些子部门法在发展成熟或需要的时候可以发展形成综合法，由此，形成一个环境与资源实证法规体系。

如《森林法》《野生植物保护条例》《野生动物保护法》《渔业法》《水法》《水土保持法》《矿产资源法》《农业法》《农业野生植物保护办法》《草原防火条例》《环境噪声污染防治法》《固体废物污染环境防治法》等中均无文化和自然遗产问题的规定。

4. 环境法体系中的特别区域保护法

文化遗产保护方面的内容在环境法的体系中主要规定在生态保护法中，很多学者与教材中称作“特别区域保护法”或“特殊区域保护法”，包括具有特殊历史、生态价值的文化遗产、自然遗产、自然保护区、森林公园等需要特别保护的综合性区域。这些区域与文化遗产相关的有：自然保护区、风景名胜区、国家森林公园、地质公园、历史文化名城等，一般都具有特定的自然和社会历史特征，且国家采取特别措施加以保护。现行对特别区域环境进行保护的法律法规主要有：

《森林公园管理办法》(1994年1月22日颁布)、《自然保护区条例》(1994年10月9日颁布)、《地质遗迹保护管理规定》(1995年5月4日颁布)、《风景名胜区条例》(2006年9月19颁布)、《历史文化名城名镇名村保护条例》(2008年4月22日颁布)、《国家考古遗址公园管理办法(试行)》(2009年12月17日颁布)等。

这些区域与文化遗产经常存在区域上的交叉甚至重合关系,有的区域本身既是文化遗产又是上述某种被明确命名的区域,例如,泰山既是文化遗产又是地质公园,其保护范围在地理空间上是重合的。

当然,国务院颁布的《文物保护法实施条例》《历史文化名城名镇名村保护条例》《长城保护条例》等行政法规也涉及部分文化遗产方面的相关规定。

2003年5月18日,《中华人民共和国文物保护法实施条例》(以下称《实施条例》)公布,自2003年7月1日起施行。《实施条例》共8章64条,与《文物保护法》体例一致。《实施条例》对《文物保护法》实施中的一些具体事项,如实施考古发掘的主体的资质、文物进出境审核机构的人员组成、文物出境审核程序等,作了更详细的规定,是《文物保护法》的有益补充。

2008年4月22日,《历史文化名城名镇名村保护条例》公布,自2008年7月1日起施行。本条例共6章48条,对历史文化名城、名镇、名村的申报与批准程序、要求,保护规划的内容、审批程序,保护措施及法律责任等事项作出规定。《历史文化名城名镇名村保护条例》明确了保护经费来源、保护原则和保护方法,扩展了遗产保护对象和内容。其中,保护对象不再限于国家级历史文化名城、重要建筑物或部分历史街区,而是扩大到小城镇和村庄;保护内容不仅包括物质遗产,而是进一步深入到历史空间遗产领域。

我国长城跨越15个省、自治区和直辖市,多段长城被列为文物保护单位。为了加强对长城的保护、规范长城的利用行为,2006年10月11日,国务院公布《长城保护条例》,自2006年12月1日起施行。条例共31条,保护对象包括长城的墙体、城堡、关隘、烽火台、敌楼等,确立了长城保护的专家咨询制度和总体规划制度,对长城保护原则、保护标志、利用长城的限制等事项做出规定。

我国目前还有一些地方性文化遗产保护法规,较有针对性,能够对当地的单个或者部分文化遗产的保护起到一定作用,是我国世界遗产保护法律体系的重要组成部分。我国现在已经出台的专门针对文化遗产保护的地方立法包括《西安市丝绸之路历史文化遗产保护管理办法》《福建省“海上丝绸之路:泉州史迹”文化遗产保护管理办法》《兰州市历史文化遗产保护办法》《福建省“福建土楼”文化遗产保护管理办法》《无锡市历史文化遗产保护条例》《四川省世界遗产保护条例》《福建省武夷山世界文化和自然遗产保护条例》《江苏省非物质文化遗产保护条例》等。地方立法的先行出台，已经从一定程度上为国家级立法的制定提供了一定参照。

其他法律中涉及文化遗产保护的仅有以下几个方面。

《中华人民共和国城乡规划法》主要涉及了制定规划时涉及文化遗产保护区域的相关规定。如《中华人民共和国城乡规划法》第三十一条规定：“旧城区的改建，应当保护历史文化遗产和传统风貌，合理确定拆迁和建设规模，有计划地对危房集中、基础设施落后等地段进行改建。历史文化名城、名镇、名村的保护以及受保护建筑物的维护和使用，应当遵守有关法律、行政法规和国务院的规定。”该法第三十二条也涉及了自然遗产的城乡规划问题。①

《中华人民共和国治安管理处罚法》仅有一个条文与文化遗产相关。其第六十三条规定了对“刻划、涂污或者以其他方式故意损坏国家保护的文物、名胜古迹的”及“违反在文物保护单位附近进行爆破、挖掘等活动，危及文物安全的”行为的行政责任。②

《中华人民共和国刑法》中，设专节——第六章第四节《妨害文物管理罪》来规定文物类犯罪。其中，第三百二十四条规定了故意、过失损毁文物罪和故意损毁名胜古迹罪，对破坏文化遗产（文物、名胜古迹等）的行为规定了相应的刑事责任。③

（二）国际环境法体系中涉及文化遗产保护的立法

1.《保护世界文化与自然遗产公约》

《公约》的宗旨是建立一个根据现代科学方法制定的永久性的有效制度，全人类共同保护具有突出的普遍价值的文化和自然遗产。

《公约》的内容主要是如下几个方面。

确定世界遗产的标准。世界遗产可分为文化遗产和自然遗产。据本《公约》制订的《工作指南》列出了列入《世界遗产目录》具体标准。文化遗产应具有以

---

① 第十届全国人民代表大会常务委员会. 中华人民共和国城乡规划法[M]. 北京：法律出版社，2007：10.

② 第十届全国人民代表大会常务委员会. 中华人民共和国治安管理处罚法[M]. 北京：法律出版社，2006：19-20.

③ 第十二届全国人民代表大会常务委员会. 中华人民共和国刑法：含新旧对照[M]. 北京：法律出版社，2015：156-157.

下任何一种特质:① 代表一种独特的艺术成就,一种创造的天才杰作;② 在一定时期内或世界某一文化区域内,对建筑艺术、纪念物艺术、城镇规划或景观设计方面的发展产生过重大影响;③ 能作为一种现存的或为一种已经消逝的文明或文化提供一种独特的或至少是特殊的见证;④ 可作为一种类型建筑物或建筑群或景观的杰出范例,展示出人类历史上一个或几个重要阶段;⑤ 可作为传统的人类居住地或使用地的杰出范例,代表一种或几种文化,尤其在不可逆转的变化之下容易毁损的地点;⑥ 与某些事件或先行传统或思想或信仰或文学艺术作品有着直接或实质的联系。

自然遗产应系属于下列任何一类:① 代表地球演化各主要发展阶段的典型范例;② 代表陆地、淡水、沿海和海上生态系统植物和动物群的演变及发展中的重要过程的典型范例;③ 具有绝妙的自然景象和艺术价值的地区;④ 最具价值的自然和物种多样性的栖息地,包括有珍贵价值的濒危物种。

《世界遗产公约》特别强调在人与自然之间保持平衡,并提醒国际社会,人与自然环境之间是相互作用的。这一点对生态平衡和可持续发展来说是至关重要的。因为如今,我们赏识的文化不仅是纪念性建筑物,而且包括有着极大文化价值的自然风景区。过去那种单一的点状的文物古迹保护,现在正转变为通过保护视觉环境、日常生活环境来关注所有文化和自然遗产问题,在景观控制、环境教育等方面展开的保护运动是尤为重要的环节。今后,如何能够在历史保护与现代景观创造两者之间架起一道桥梁来,培育出根植于传统文化和自然风土中的现代景观,是非常值得探索的发展方向。

世界文化和自然遗产近年的发展趋势使得人们逐渐认识到生态文明理念下的生态系统管理综合管理方法对于世界文化和自然遗产的这种综合区域的保护的重要性。在《世界遗产公约》实施近20年后,人们发现名录失衡的程度已经非常严重了。在1992年410个遗产地中,文化遗产就占据了304个,而自然遗产地仅90处,混合遗产地16处,且大部分遗产地集中在欧洲。于是,1994年世界遗产委员会启动了一项全球战略(global strategy)以保证世界遗产名录的均衡性、代表性和可信度,使世界遗产名录能真正反映全球具有卓越普世价值的文化和自然多样性。世界遗产委员会希望扩展世界遗产的概念以便更好地全面反映世界文化和自然遗产的谱系,为实施1972年公约提供一个综合的框架和操作性方法体系。1994年,世界遗产委员会召集了以“全球战略”为主题研究的专家会议,从此展开了庞大的全球战略,并延续至今。全球战略的效果显著,自启动以来,很多依据仔细研究得到的建议和决策都得以实施,名录失衡的问题正在这些具体的措施中得到修复。一些新的世界遗产类型也得到了推动，比如文化景观、线路遗产、工业遗产、沙漠、海岸和小岛遗产地。除了新型遗产地的出现之外，世界遗产委员会近年来在持续推动“扩大指定”的理念。扩大指定一方面是为了强化遗产本身历史场所更完整的精神；另一方面是避免缔约国以同构型的遗产借化整为零的方式提高列名世界遗产的机会与数量。它的意义可以从两个层面来看。遗产本身的存在价值打破了国界领土上的限制。这一点在欧洲大陆国家十分常见，因为他们过去拥有共同的宗教信仰与复杂的殖民过程，因此许多的文化遗产用现在的时空来看往往会是跨国的情况。例如，匈牙利与奥地利、斯洛伐克都有文化遗产或自然遗产因为地势或地理条件的因素而跨越国界共同列名。像中国与韩国的高句丽陵墓遗址，同样也是跨国指定的案例之一。然而，突破地域上的限制共同列名世界遗产，也更能强调以世界标准为论述中心的主体性。

新的遗产类型的出现和扩大指定理念的推行及跨国遗产的增多更加证明人类逐渐认识到生态系统的重要性，不再纠结于国界和行政区域的划分，而开始尊重历史，尊重自然生态系统，以生态系统的边界为单位申报，对其进行综合的管理。

三、海洋环境法体系中的文化遗产保护

（一）《联合国海洋法公约》

国际海洋环境保护法的对象包括公海和国际性的区域性海洋。第二次世界大战后，石油对海洋的污染被提到了急需解决的地位。1954年，在伦敦召开了关于石油对海水污染问题的国际会议，缔结了《防止海上油污国际公约》。之后，于1969年签订了《对公海上发生油污事故进行干涉的国际公约》和《油污损害民事责任国际公约》。目前，国际海洋的保护已远远超出防止石油污染的范围。如联合国海洋法会议通过的一些公约已涉及保护海洋生物资源、矿物资源等许多方面。1972年2月，邻接北海的欧洲12国在奥斯陆签署了《防止船舶和飞机倾倒废物造成海洋污染公约》。同年，12月在伦敦通过了《防止倾倒废物及其他物质污染海洋的公约》。另外，还签署了许多保护区域性海洋的国际条约，如1976年2月地中海沿岸国家通过的《保护地中海免受污染公约》，1974年3月签订的《保护波罗的海地区海洋环境公约》。

但诸如此类海洋环境保护方面的国际法并不涉及海洋文化遗产方面的环境保护，早期的法律保护体制并没有根据环境进行明确区分，只是把所有的遗产笼

统地归于文化遗产(财产)项下,没有特别涉及海洋文化遗产保护的问题。目前,并没有针对“海上文化线路”遗产方面的法律保护,我们只能从对水下文化遗产保护的法律中研究。随着科技的发展进步,特别是自从20世纪60年代初期自携式水下呼吸器的广泛应用以来,人们可以较为自由地探索水下世界:一方面,人们对水下文化遗产的了解增加了,另一方面,对水下文化遗产的人为破坏也大大加剧了。因此,加强对水下文化遗产的法律保护的呼声也提高了,法律逐渐开始将水下文化遗产独立于陆上文化遗产加以保护。

但是遗憾的是,历经9年多协商和谈判达成的1982年《联合国海洋法公约》却没有对水下文化遗产保护引起足够重视。虽然有一些国家积极提议,但最终通过的公约全文都没有提到水下文化遗产,只有第149条和第303条专门规定了有关保护“海洋考古和历史文物”的问题,公约也没有明确界定何谓“海洋考古和历史文物”。条例内容如下:

第一四九条　考古和历史文物

在“区域”内发现的一切考古和历史文物,应为全人类的利益予以保护或处置,但应特别顾及来源国,或文化上的发源国,或历史和考古上的来源国的优先权利。

第三〇三条　在海洋发现的考古和历史文物

(1)各国有义务保护在海洋发现的考古和历史性文物,并应为此目的进行合作。

(2)为了控制这种文物的贩运,沿海国可在适用第三十三条时推定,未经沿海国许可将这些文物移出该条所指海域的海床,将造成在其领土或领海内对该条所指法律和规章的违犯。

(3)本条的任何规定不影响可辨认的物主的权利、捞救法或其他海事法规则,也不影响关于文化交流的法律和惯例。

(4)本条不妨害关于保护考古和历史性文物的其他国际协定和国际法规则。

此外,国际法协会(International Law Association, ILA)于1994年通过的《保护水下文化遗产布宜诺斯艾利斯公约》(草案)(*Buenos Aires Draft Convention on the Protection of Underwater Cultural Heritage*)第一条规定:“水下文化遗产指所有人类生存的水下遗迹,包括:① 遗址、建筑、房屋、人工制品(artifacts)和人类遗骸,及其有考古价值的环境和自然环境;② 诸如失事的船舶、飞行器、其他运输工具或其任何部分,所载货物或其他物品,及其有考古价值的环境和自然环境……”

除了所列举的遗址、建筑、房屋、人工制品、人类遗骸，失事船舶、飞行器、其他运输工具或其任何部分、所载货物或其他物品之外，该定义的一个突出特点就是包括了“有考古价值的环境和自然环境”。这一点，相对于1982年《联合国海洋法公约》规定的有关保护“海洋考古和历史文物”的问题而言，国际法协会1994年草案的规定已经前进了一大步。

1995年10月4日，国际法协会在巴黎举行的第二十八期会议通过的《关于准备一份保护水下文化遗产的国际文书的初步可行性研究》(*Preliminary Study on the Advisability of Preparing An International Instrument for the Protection of the Underwater Cultural Heritage*)就指出，水下文化遗产主要包括历史性沉船和与之相关的单件人工制品，另外还包括因侵蚀、地震、海平面变动而淹没的人类居住区(human settlements)等等。

(二)《中华人民共和国海洋环境保护法》

《中华人民共和国海洋环境保护法》第二十条规定:“国务院和沿海地方各级人民政府应当采取有效措施，保护红树林、珊瑚礁、滨海湿地、海岛、海湾、入海河口、重要渔业水域等具有典型性、代表性的海洋生态系统，珍稀、濒危海洋生物的天然集中分布区，具有重要经济价值的海洋生物生存区域及有重大科学文化价值的海洋自然历史遗迹和自然景观。对具有重要经济、社会价值的已遭到破坏的海洋生态，应当进行整治和恢复。”

第二十二条规定:“凡具有下列条件之一的，应当建立海洋自然保护区:

(1)典型的海洋自然地理区域、有代表性的自然生态区域，以及遭受破坏但经保护能恢复的海洋自然生态区域;

(2)海洋生物物种高度丰富的区域，或者珍稀、濒危海洋生物物种的天然集中分布区域;

(3)具有特殊保护价值的海域、海岸、岛屿、滨海湿地、入海河口和海湾等;

(4)具有重大科学文化价值的海洋自然遗迹所在区域;

(5)其他需要予以特殊保护的区域。”

本条规定了建立海洋自然保护区的法定条件，只要符合所列举的条件之一，就应当建立海洋自然保护区。

(1)“典型的海洋自然地理区域”是指该区域在全球或全国生物地理区系中具有典型性。“有代表性的自然生态区域”是指该自然生态区域在全球或全国海洋温度带中具有代表性。“遭受破坏但经保护能恢复的海洋自然生态区域”是指海洋生态系统脆弱或地理分布狭窄，虽然已经遭受部分破坏，但其主导功能尚为健康，经过保护能够恢复的海洋自然生态区域。

（2）“海洋生物物种高度丰富的区域”是指该区域海洋生物群落、种群类型多或较丰富，结构完整或较完整。建立自然保护区，以保护和保存其群落结构的完整性和物种类型、数量的多样性。“珍稀、濒危海洋生物物种的天然集中分布区域”中的珍稀物种是指具有重要经济或科研、文化价值，且数量稀少的物种；濒危物种通常指生物分类表上接近灭绝的物种。无论珍稀还是濒危物种均可分为不同级别。对于世界性珍稀、濒危物种或国内一、二类重点保护的物种或者重点保护的特有物种，或者在区系或分类学上具有世界性或全国性代表意义的物种，均应选划为海洋自然保护区优先加以保护。同时，也要注意保护海区珍稀、濒危物种天然集中分布区域。同一物种或种群，在其他海区可能属于正常的物种，但在某些海区，则可成为珍稀、濒危物种。

（3）“具有特殊保护价值的海域、海岸、岛屿、沿海湿地、入海河口和海湾等”其重点在于其区域生态系统的特殊性。海域、海岸、岛屿、沿海湿地、入海河口和海湾等，由于其地理位置的特殊，生态系统的完整、生态特点的显著，地质结构的特殊、生态环境的异常等，因而具有特殊的保护价值。这样的区域都需要根据具体情况建立海洋自然保护区。

（4）“具有重大科学文化价值的海洋自然遗迹所在区域”指在海洋中保存的海陆变迁的各种遗迹、剖面以及进化过程的自然遗迹，或者是典型的、优美的海洋地形地貌及其独特的自然景观以及人类活动遗留下的具有特殊价值的自然遗迹。这些遗迹在区域海洋演化史、古地理、古气候、古生物、古环境、人类海洋开发活动史等问题的研究中具有重要意义。国务院批准建立的“天津古海岸与湿地海洋自然保护区”和“福建深沪湾海底古森林遗迹自然保护区”等属于这类海洋自然保护区。

（5）“其他需要予以特殊保护的区域”包括以下三个方面内容。① 受人类活动影响、损害较小，或者基本上没有遭到干扰的原始海洋环境和区域。它们可以用于自然史研究、“天然本底”的保存及其对比研究，开展“原始”海洋自然观光活动。例如，尚未开发的海岸地段，滩涂与沿海沼泽地以及无人居住、风貌或成因独特的海岛等。② 具有代表性的自然景观和自然古迹是指自然形成具有观赏价值和研究价值、具有代表性和典型性的景观、剖面、露头、遗物、遗迹等原始的海洋生态环境。③ 保护文化景观。文化景观是人类的各种文化和生产活动所创造的具有特殊价值的遗产。我国是一个具有几千年历史的文化古国。海洋开发活动历史悠久，海洋文化源远流长。保护具有珍贵价值的海洋文化景观，了解其作用和价值，对研究和发展华夏文化具有不可估量的意义。④ 保护历史和考古区域。这种区域由于其历史或者考古价值而需要保护，尤其是人类海洋活动遗址和古代沉船、海难事故、古代海上战争遗迹等区域。它们也是人类生存环境的重要组成部分，均需要根据情况建立自然保护区加以保护。保护这些区域也是间接保护海洋生态环境。

《中华人民共和国海洋环境保护法》法确立了保护和改善海洋环境、保护海洋资源、防治污染损害、维护生态平衡、保障人体健康、促进经济和社会可持续发展的基本方针。随后，又先后颁布和实施了《防止船舶污染管理条例》《防治海洋石油勘探开发污染海洋管理条例》《防止倾废污染海洋管理条例》《防止陆源污染物污染损害海洋环境管理条例》《防止海岸工程建设项目污染损害海洋环境管理条例》和《防止拆船污染损害环境管理条例》等。此外，中国政府还制定了《近岸海域环境功能区划》，并以国家环境保护总局令的形式颁布了《近岸海域环境功能区管理办法》，为我国沿海海域环境实现目标责任制管理提供了科学的管理依据。与海洋环境保护密切相关的一些法律、法规，如《水污染防治法》《大气污染防治法》《固体废物污染防治法》《渔业法》《环境影响评价法》《海域使用管理法》《自然保护区管理条例》等也起到了重要作用。同时，制定了一系列的标准体系，如《海水水质标准》《渔业水质标准》《海洋生物质量标准》《海洋沉积物质量标准》《船舶污染物排放标准》《含油污水排放标准》《污水综合排放标准》《污水海洋处置工程综合排放标准》以及《海洋功能区划》《近岸海域环境功能区划》等。这些法律、法规、标准以及一些地方的法规，构成了我国海洋环境保护法律框架体系，为我国的海洋环境保护工作提供了法律保障。

四、水下文化遗产保护

（一）《保护水下文化遗产公约》

联合国教科文组织《保护水下文化遗产公约》（2001 年）的定义与国际法协会 1994 年公约草案的定义颇为相似。该公约第一条规定：“‘水下文化遗产’系指至少 100 年来，周期性地或连续地，部分或全部位于水下的具有文化、历史或考古价值的所有人类生存的遗迹，比如：① 遗址、建筑、房屋、人工制品和人类遗骸，及其有考古价值的环境和自然环境；② 船舶、飞行器、其他运输工具或其任何部分，所载货物或其他物品，及其有考古价值的环境和自然环境；③ 具有史前意义的物品……”该公约明确排除了海底铺设的管道、电缆以及其他仍在使用的装置。显然，该定义十分宽泛，将绝大部分的水下遗存都纳入了保护范围。该公约明确规定，水下文化遗产不仅包括具有文化、历史或考古价值的人类生存遗迹，还包括具有考古价值的环境和自然环境。

从这些国际文件来看，文件对水下文化遗产的分类基本上采取了两分法，即将水下文化遗产分为人类居住区和失事船舶、飞机等及其所载货物等有形物品和有考古价值的环境和自然环境；目的是将人类生存遗迹所在的必要的周围环境一起纳入保护范围，从而保全遗迹所蕴藏的一切信息。因为水下文化遗产通常已经达到了和周围环境的平衡状态，任何介入都会造成扰乱。即使物品还留在原处，它仍然得再调整平衡，这样就会造成额外的坏变。所以，对水下文化遗产的保护，就包括“保持其安全不受损坏或破坏，不论损坏或破坏是蓄意的还是偶然的，是自然造成的还是人为的”①。

（二）《中华人民共和国水下文物保护管理条例》

在水下文化遗产保护中，《中华人民共和国水下文物保护管理条例》条例在第九条关于管理考古勘探和发掘行为项目上认为，考古勘探和发掘，既是开展水下文物研究和抢救性保护所必须；同时，又往往不可避免地造成对水下遗存及其环境的打扰甚至是破坏。因此，必须严格规范水下的考古勘探和发掘活动。②

第九条规定，任何单位或者个人实施水下文物考古勘探或者发掘活动时，还必须遵守中国其他有关法律、法规，接受有关部门的管理；遵守水下考古、潜水、航行等规程，确保人员和水下文物的安全；防止水体的环境污染，保护水下生物资源和其他自然资源不受损害；保护水面、水下的一切设施；不得妨碍交通运输、渔业生产、军事训练以及其他正常的水面、水下作业活动。

此外，《中华人民共和国水下文物保护管理条例》中对水下文化遗产保护单位层级的规定，采用了“可以”的表述：第五条“根据水下文物的价值，国务院和省、自治区、直辖市人民政府可以依据《中华人民共和国文物保护法》第二章规定的有关程序，确定全国或者省级水下文物保护单位、水下文物保护区，并予公布。”可见，我国并未禁止对水下文化遗产进行更大范围内、作更有力的保护。例如：《福建省文物保护管理条例》（2009年）第二十一条第二款规定：“对水下有价值的文物遗

---

① O'KEEFE P J. Protecting the Underwater Cultural Heritage: The International Law Association Draft Convention[J]. Marine Policy, 1996, 20(4): 49.

② 王云霞. 文化遗产法学：框架与使命 [M]. 北京：中国环境出版社，2013: 419.

址，县级以下地方人民政府应当依法核定公布为文物保护单位，并采取相应的保护管理措施；水下文物分布范围较大，需要整体保护的，应当依法核定公布为水下文物保护区。”这一规定显然扩展了《中华人民共和国水下文物保护管理条例》为文物保护单位设置的层级，依据此条款，县、市也应核定文物保护单位。2006年1月起施行的《浙江省文物保护管理条例》中也有类似条款。其第二十九条规定：“省文物行政部门应当组织力量，对本省行政区域内的水下文物进行调查，发现重要文物的，应当由县级以上人民政府采取相应的保护措施。”上述两省文物保护管理条例的规定与《中华人民共和国水下文物保护管理条例》并不违背。

第二节　环境法对于“海上文化线路”遗产保护存在的问题

一、与文化遗产保护有关的法律中的问题

我国现行的与保护文化遗产相关的法律法规一个显著的特点是，只将文化遗产放在旅游区或者文物的范围内予以保护，法律适用比较牵强。[①]只是关于某一单体文化遗产的立法，还没有形成一套系统的、专门的遗产地保护的法律体系。《中华人民共和国环境保护法》第三十五条中规定：“城乡建设应当结合当地自然环境的特点，保护植被、水域和自然景观，加强城市园林、绿地和风景名胜区的建设。”《中华人民共和国文物保护法》第九条规定：“各级人民政府应当重视文物保护，正确处理经济建设、社会发展与文物保护的关系，确保文物安全。基本建设、旅游发展必须遵守文物保护工作的方针，其活动不得对文物造成损害。”《中华人民共和国城市规划法》第十四条规定：“编制城市规划应当注意保护和改善城市生态环境，防止污染和其他公害，加强城市绿化建设和市容环境卫生建设，保护历史文化遗产、城市传统风貌、地方特色和自然景观。”《中华人民共和国风景名胜区管理暂行条例》第四条规定：“城乡建设环境保护部主管全国风景名胜区工作。地方各级人民政府城乡建设部门主管本地区的风景名胜区工作。”这几部法律法规虽然都规定了国家和地方政府在保护世界遗产中的主体性及其保

① 黄德林，朱清．当前自然遗产保护的法制缺陷及其完善建议[J]．湖北社会科学2005(3)：128.

护义务，但是没有具体规定国家和政府如何保护世界遗产。况且《中华人民共和国环境保护法》没有触及历史、考古、建筑的保护，《中华人民共和国文物保护法》不能涵盖对自然原生态的保存。这些缺陷又使得现存的法律保护体系对文化遗产的保护力度大打折扣。

此外，各管理部门在制定相关法规、条例、标准的时候往往只考虑本部门的利益，而不是将文化遗产的保护放在第一位。如目前存在旅游区（点）质量等级评定等管理标准实施对遗产保护管理明显不利的现象。国家旅游局制定的《旅游区（点）质量等级的划分与评定》（GB/T 17775—2003）细则的12项指标中“遗产”包括在“资源和环境的保护”之中，“遗产保护质量”仅占1/55。它意味着即使一个遗产区的“遗产保护质量”完全不合格，也不能制约和阻碍这个遗产区成为AAAA级。

地方性世界遗产保护法规有针对性，能够对当地的单个或者部分世界遗产的保护起到一定作用，是我国文化遗产保护法律体系的重要组成部分。但由于其效力过低，且效力范围只及于一定区域，能起到的积极作用非常有限。且在这些地方法规和规章中，往往只规定行政责任，而缺乏相关刑事归责条款，致使威慑力较弱；或者相关归责条款模糊，不具有可操作性，仅有的行政处罚规定也偏轻，不能对文化遗产保护过程中的违规行为进行有效的遏制。《四川省世界遗产保护条例》就只在第二十四条提及：“违反本条例规定，构成犯罪的，依法追究刑事责任。”《福建省武夷山世界文化和自然遗产保护条例》也在第四十三条规定：“有关行政管理部门、武夷山世界遗产管理机构的工作人员，在管理过程中玩忽职守、滥用职权、徇私舞弊的，由其所在单位或者上级主管部门给予行政处分；构成犯罪的，依法追究刑事责任。”至于具体如何操作，则都未做详细规定。此外，国务院各部门单独或联合发布的部门文件仅向各部门的工作提供方向性的指导，也并未就如何保护世界遗产做出具体规定。且作为部门规章或规范性文件，在实践中很难成为文化遗产保护的强有力的法律后盾。此外，在文化遗产保护的实践中，各部门为了自己的利益，往往在开发时一哄而上，出现问题后又彼此推诿，最终文化遗产成为唯一的“受害者”。

二、对我国环境法体系中涉及文化遗产保护的立法的评价及完善

我国的环境保护法所称的环境包括自然环境与人为环境，定义中列举的可

作为文化遗产的人文遗迹、风景名胜区、城市乡村应属人为环境，因此文化遗产应认定为人为环境的要素。但这部法律完全是一部自然环境保护法，没有关于人为环境保护的具体规定及配套措施，这也使得环境法律法规在文化遗产保护领域显得苍白无力。另外，我国文化遗产的法律保护体系偏重于财产法，忽视了文化遗产的生态价值。文化引起自然的变化已是不争的事实，尊重生态规律必然使人类文化纳入和谐的生态系统；无视生态规律，所谓的文化同样会带来生态灾难。构建文化遗产保护的法律制度，确立环境法新的价值理念，将文化遗产保护纳入环境保护规划，明确保护的基本原则，形成制度性规则，是文化遗产环境保护的现实需要。

现行单行的几部法律法规中已经涉及文化和自然遗产的，大多都是在总则中加以原则性的规定，其可操作性相对来说较小。再者，各单行环境与自然资源法律法规只是从对单个环境要素的保护角度规定。当然，这些法律法规确实起到了一定的积极作用，但它们的制定并没有考虑到文化和自然遗产的整体性、综合性，其内容也没有反映出文化和自然遗产的特点，所以针对性不强，难以妥善解决文化和自然遗产保护中特有的法律问题。

这些规范性法律文件中涉及文化遗产保护的条文甚少，仅在其与文化遗产区域相重叠时才会涉及相关规定，条文规定十分笼统，也不全面。其中，对文化遗产周边环境的噪声污染、废水污染等的规定均是空白，对待环境生态这样最具整体性的问题，如此简单的法律保障是远远不够的。此外，虽然我国对文化遗产的法律保护实践已形成物质文化遗产与非物质文化遗产并存的格局。众所周知，物质文化遗产与非物质文化遗产两者是密不可分的，在内涵上存在交叉重叠，例如，沿海各地巧夺天工、各色纷呈、数量极大、价值连城、令人叹为观止的山海文化景观，历史上吸引了无数文人墨客鉴赏吟咏，更可称之为海洋文化与自然的双遗产。但将两者分别予以保护的格局造成了立法保护范围的冲突，在管理实践中实行分部门的管理体制，形成了政出多门、多头管理的局面。其结果是在加大了行政成本的同时，降低了管理的效能。同时，我国对文化遗产保护的法律为财产法模式，忽略了文化遗产作为人为环境因素的地位及其环境价值。

从我国文化遗产保护的实践来看，文化遗产的保护已经从单体保护发展到对其周边环境的保护进而进行整体性保护。但中国文化遗产保护的社会基础薄弱，虽有立法，但大多涉及财产法领域，更多关注的是文化遗产本身，而对其周边环境乃至于整体性保护的认识不够。所以建议在环境法建设中添加有关文化遗产环境保护的内容，并对破坏文化遗产环境的行为设置惩罚条款。

三、对海洋环境法对海洋文化遗产环境保护的评价

(一)《海洋环境法公约》

在《保护水下文化遗产公约》制定之前,《海洋环境法公约》的第一四九条和三〇三条是有关水下文化遗产(海洋文化遗产)宏观而专门保护的仅有的成文国际法律规范。它们既对水下文化遗产进行了一定程度的保护,例如,规定了缔约国对水下文化遗产的两种一般义务,即“保护”和“合作”义务,也对毗连区内的水下文化遗产提供了一定程度的保护,还对“区域”(指位于国家管辖权之外的“国际海底区域”)内发现的水下文化遗产提供了保护,并制定了利益分配制度。

但是也存在严重缺陷,单就环境保护方面来讲,《联合国海洋法公约》并未就水下文化遗产的周围环境的保护问题做出规定,公约没有明确界定何谓“海洋考古和历史文物”。通过分析,“考古和历史文物”应当指“一切具有考古和历史价值的可移动物品和不可移动的物,并不要求一定是年代久远的物”[①]。不过,公约这种单纯重视物品的方法,很容易忽略物品和遗址以及其周边环境本身蕴含的信息,也未涉及例如由于矿产与油气资源开发、渔业捕捞、海底管道与电缆铺设、海上化学物质运输与倾倒、武器试验等人为活动导致的对水下文化遗产及其环境的破坏应该如何解决的问题,因此出现了海洋文化遗产包括水下文化遗产的环境保护的法律真空。而事实上,考古学家和历史学家最关注的正是这些展现人类文明的信息。这两条规定对于周遭环境和破坏环境的行为显然毫无防护作用,无力对该海域内的水下文化遗产的环境进行国际法层面上的保护。

海洋除了是孕育生命的摇篮,对人类而言,海洋还是巨大的资源宝库,蕴藏了大量人类所需的食物资源、药物资源、矿产资源和其他能源,并为人类提供了舟楫之便和各种优美的自然景观,是各大陆人们进行商业、文化交流以及迁徙的重要通道和文化娱乐尤其是旅游发展的一大场所。长久以来,海洋还以其自身的环境承载和净化能力为维持人类与自然界的平衡发挥了无可替代的作用。所以,海洋对人类的生存和发展有着不可或缺的重要意义。

但不管是《联合国海洋法公约》第十二部分,还是各国制定的《海洋环境保护法》或其他名称的海洋环境保护法律法规,都以污染防治为主要内容。这是无可厚非的,因为不管是以全球海洋为观察对象,还是仅关心局部海域,海洋环境

---

① 赵亚娟. 联合国教科文组织《保护水下文化遗产公约》研究［M］. 厦门:厦门大学出版社,2007:23.

保护遇到的最普遍的挑战是污染。《联合国海洋法公约》注意到了来自陆源的污染、来自船舶的污染、来自用于勘探或开发海床和底土的自然资源的设施和装置的污染(第一九四条),倾倒造成的污染(第二一〇条),来自大气层或通过大气层的污染(第二一二条)等。然而,保护海洋环境所要面对的却不只是防治污染的问题。《联合国海洋法公约》还规定了防止物种入侵问题。污染防治和物种入侵的防治都是海洋环境保护的任务,但却不是海洋环境保护的全部任务。

海洋为人类的交往和物质流通提供了互通的平台。从交通始发地与目的地连接的意义上说,海洋为人类提供了四通八达的通道。人类在海洋里的一切活动都可以说是在同一海洋里的活动。海上文化线路沿线及水下的文化遗产则是对人类海上活动的见证。“海上文化线路”遗产的形成与海洋环境息息相关,所以,海洋环境保护除了污染防治和物种入侵的防治以外,对“海上文化线路”遗产周围的环境的维护和保持,对以海洋为依托而形成的海洋文化遗产海洋生态系统的维护,都应当属于海洋环境保护的范畴,相应地也应当纳入海洋环境保护法的调整范围之内。

(二)《中华人民共和国海洋环境法》

我国的海洋环境保护工作开展于20世纪70年代。1982年通过的《中华人民共和国海洋环境保护法》标志着我国海洋环境保护工作开始步入法制轨道,对促进沿海经济建设,推动海洋环境保护起到了积极的作用,是我国保护海洋环境的基本法律,对防止因海岸工程建设、海洋石油勘探开发、船舶航行、陆源污染物排放而损害海洋环境等作了法律规定。

为实施《中华人民共和国海洋环境保护法》,国务院先后制定发布了《中华人民共和国防止船舶污染海域管理条例》《中华人民共和国海洋石油勘探开发环境保护管理条例》《中华人民共和国海洋倾废管理条例》等管理条例。为维护我国的国家安全和海洋权益,又于1992年通过、实施了《领海及毗连区法》;根据《海洋法公约》赋予我国的权利和应履行的国际义务,于1998年通过、实施了《中华人民共和国专属经济区和大陆架法》并在该法中对管辖的专属经济区和大陆架的海洋环境用专条做出原则规定。随着海洋环境保护事业的发展,海洋环境保护法律、法规不断修改、补充,逐步趋于完善。

但是,海洋环境的不可逆性、隐显性、持续反应性、灾害放大性,特别是整体性、有限性等,这些特点客观上要求海洋环境立法应借助科学和技术手段,在立足海洋环境管理的基础上,从整体上了解、把握发展趋势。立法应该有预见性,适度超前。但直到目前，这一问题未能从根本上解决。长此以往势必将制约社会、尤其是沿海经济的发展，影响可持续发展战略的实施。对海洋文化遗产环境的保护，往往是破坏发生之后才想到补救或者立法，但由于海洋环境的上述特性，事后的弥补并不能够有效保护海洋环境。

我国的海洋环境保护法中对“其他需要予以特殊保护的区域”中的内容虽涉及保护自然景观和文化景观，但是只是注重对景观单体保护的问题，对形成自然或文化景观的海洋环境的保护却只字不提。而实际上，正是由于特定的海洋环境的影响，才会产生独特的自然或文化景观。所以，海洋环境保护法中应设计有关对自然景观和文化景观整体性保护的内容，尤其要保护与景观形成息息相关的海洋环境。

（三）《中华人民共和国水下文物保护管理条例》

1. 问题所在

和《保护水下文化遗产公约》相比，在管辖范围上，公约设立的制度很难说比《中华人民共和国水下文物保护管理条例》先进；但公约定义中将水下文化遗产所处的有考古价值的环境和自然环境也纳入保护范围的立法理念确实比《中华人民共和国水下文物保护管理条例》较为先进。

所以，虽然我国水下文化遗产保护立法发展较快，但也存在许多问题。我国的《中华人民共和国水下文物保护管理条例》，仅是国务院根据1982年《中华人民共和国文物保护法》颁布的行政法规，在1982年《中华人民共和国文物保护法》被2013年《中华人民共和国文物保护法》取代之后，出现了《中华人民共和国水下文物保护管理条例》规定条文依据的法律被废止而无法可依的情况。对此，急需重新加以制定。另外，自1989年至今，我国水下文化遗产保护工作已经遇到了很多新问题，联合国教科文组织《水下文化遗产保护公约》也提出了许多新的原则和保护措施，亟待我国立法予以完善。

（1）水下文化遗产概念的界定存在缺陷。

《中华人民共和国水下文物保护管理条例》规定的水下文化遗产包括：“遗存于下列水域的具有历史、艺术和科学价值的人类文化遗产：① 遗存于中国内水、领海内的一切起源于中国的、起源国不明的和起源于外国的文物；② 遗存于中国领海以外依照中国法律由中国管辖的其他海域内的起源于中国的和起源国不明的文物；③ 遗存于外国领海以外的其他管辖海域以及公海区域内的起源于中国的文物。”同时将1911年以后的与重大历史事件、革命运动以及著名人物无关的水下遗存排除在保护范围之外。对此,《水下文化遗产保护公约》则旨在完整保护水下文化遗产,特别强调了对具有考古价值的自然环境的保护。而我国条例强调的是“物”的概念,很难包括保护水下文物所在自然环境的要求。故建议在将来立法中使用公约“水下文化遗产”的措辞同时,按照公约就地保护原则的要求加以改进。另外,对于水下文化遗产的价值标准判断:公约要求时间至少100年、具有文化、历史或考古价值的所有人类生存的遗迹都属于受保护的文化遗产;而我国条例则采用分段计时,从1911年划界,同时要具有历史、艺术和科学价值的人类文化遗产,才受保护。相对而言,我国的保护水下文化遗产的外延可能会小于公约的外延。

我国的法律中采取了与“就地保护”相似的原则——“原址保护”。《中国人民共和国文物保护法》第二十条规定:“建设工程选址,应当尽可能避开不可移动文物;因特殊情况不能避开的,对文物保护单位应当尽可能实施原址保护。”另外第二十一条也提出对于动产的“原状保护”原则。与《水下文化遗产保护公约》对比,可以发现,我国对于该项原则的规定适用范围过窄,带有明显的配合基建的色彩。而对于其他大量针对水下文化遗产的水上活动,是否不受该原则的约束呢?《中国人民共和国水下文化遗产保护公约》及其《规章》均将“就地保护原则”列于总则部分,旨在贯穿公约全部。将“就地保护”作为保护水下文化遗产的首选方式。应当说“就地保护”原则通过将水下文化遗产留在原地、保全水下遗址的物理完整性,也就保全了它所包含的考古、历史和文化信息。这种方式更有利于传承人类文明。当然,对于“就地保护”原则的理解不能仅限于将遗产留在原地,如何执行保护,如何在文物面临紧急危险时进行抢救性发掘,是就地保护原则更为重要的内涵。这些具体的立法指导方针在我国的现有法律中存在欠缺和漏洞。

(2)惩罚措施亟待加强。

就我国条例而言,目前仅规定了刑事和行政处罚两类处罚措施,而公约也只对此作了简单界定,主要交由各国制定在程度上“足以惩戒相关破坏水下文化遗产的行为”具体措施。同时,公约还规定了缔约国对违法获得的水下文化遗产有权扣押,并在扣押后报告总干事,通知文化、历史或考古来源国。对此,我国之前制定的针对水下文化遗产破坏活动的惩罚措施显然已很难满足目前“足以惩戒”的需要,特别是在发生了“碗礁Ⅰ号”水下文物哄抢的事件之后,政府已经认识到加大国内立法惩戒与执法力度的紧迫性。同时,对于发生在其他国家水域和公海、海底共同区域中针对来源于中国的水下文化遗产的捕捞活动,中国政府也应该加强同相关国家和国际组织的合作，制定切实可行的惩罚措施，保护我国的水下文化遗产。

（3）遗产报告的发现制度亟待完善。

我国目前的文物发现报告制度虽然在法律法规中有明确的条文加以规定，但是这些立法往往是以陆上文化遗产为客体而进行条文设计，忽视了水下文化遗产的特殊性。《中国人民共和国文物保护法》第三十二条规定：“在进行建设工程或者在农业生产中，任何单位或者个人发现文物，应当保护现场，立即报告当地文物行政部门，文物行政部门接到报告后，如无特殊情况，应当在 24 小时内赶赴现场，并在 7 日内提出处理意见。文物行政部门可以报请当地人民政府通知公安机关协助保护现场；发现重要文物的，应当立即上报国务院文物行政部门，国务院文物行政部门应当在接到报告后十五日内提出处理意见。”该条的规定暴露出以下一些问题。① 建设工程或者农业生产是否包括捕鱼以及水上军事活动。因为从实际来看，很多水下文化遗产的最初发现者都是捕鱼的渔民。另外，水上的军事巡逻或演习等活动也有可能成为发现水下文化遗产的重要途径。因此，按照该法的规定，除了建设工程或者农业生产以外的水上活动中如果发现了水下文化遗产，发现者难道不具有报告义务？② 在发现者履行报告义务后，该法并没有规定发现者是否必须停止水上作业的活动。因此，发现者打捞文物的行为将被认为是合法的。该法的规定是否可以理解为在发现者将所发现的水下文化遗产报告后，可以进行打捞，只是将打捞上来的遗产交给国家，就不违背法律的规定呢？这显然违背了文物现场保护的重要原则。③ 虽然该法规定了保护现场的时间限制，但是“24 小时”和“7 日”的具体要求对于行驶在茫茫海洋中发现水下文化遗产的发现者们而言可能过于严苛。

（4）遗产发掘制度亟待完善。

按照《中国人民共和国水下文物保护管理条例》第四条的规定：“国家文物局主管水下文物的登记注册、保护管理以及水下文物的考古勘探和发掘活动的审批工作。”根据该条规定以及我国目前的实践，对于水下文化遗产的发掘原则上由国家博物馆的水下考古队负责，虽然存在和外国相关考古机构的合作，但不允许商业性组织的介入发掘或对遗产进行商业开发。未经审批，任何单位或个人不得以任何方式私自勘探或发掘。尽管这种方式可以使国家完全掌握文化遗产的发掘权利，采取对文物最有利的保护方式进行开发，但是由于水下文化遗产的特殊性，对其发掘将耗资巨大，而且国家要投入大量的人力、物力以及技术支持。单纯依靠国家的力量难以满足大量的保护要求。随着水下文化遗产的不断发现以及保护力度的加强，很多遗产都需要进行紧急保护，而国家的保护力量有限，如何最大程度地保护遗产面临着制度的挑战。从国外一些国家的做法来看，很多国家的实践甚至在立法中允许私人力量介入水下文化遗产的发掘活动。如美国、英国、东南亚地区的国家，它们与私人签订协议，对具有重要价值的遗产收归国有外，其他一些允许商业流通的打捞物作为私人打捞者的报酬归私人所有。可见，有限度地引入私人参与水下文化遗产的发掘制度在一定程度上可以缓解国家的压力，而且可能更有利于遗产的保护。

（5）一些立法空白亟待填补。

《水下文化遗产保护公约》中一些保护水下文化遗产的规定，是我国立法中未曾涉及的空白，需要在将来立法时加以填补。

① 公约附件规定了水下文化遗产保护的基本原则。这是在《中国人民共和国水下文物保护管理条例》和《中国人民共和国文物保护法》中未加以规定的部分。公约强调就地保护与非商业化原则是水下文化遗产保护的首要原则；开发水下文化遗产的活动要优先考虑非破坏性的技术和勘测方法，避免不必要的侵入遗址，严格做好文化、历史和考古方面的资料记录工作；鼓励在有利于保护和管理的前提下，向公众开放水下文化遗产；同时遵循水下文化遗产保护的国际合作原则，促进人员与技术的合作交流。

② 公约规定了沿海国在毗连区、专属经济区和大陆架等区域内对水下文化遗产保护的管辖权。这在公约制定中曾引起许多国家的争议，因为它涉及《联合国海洋法公约》已经确立的沿海国与船旗国等相关国家的利益平衡机制。后来，联合国教科文组织出于在上述水域中保护水下文化遗产的紧迫性和实效性，将它作为《联合国海洋法公约》对沿海国管辖权规定的完善和补充，在公约中加以明确规定。

③ 公约在保护水下文化遗产方面要求最大程度的国际合作。

公约要求各国在内水、群岛水域和领海、毗连区、专属经济区与大陆架及区域内发现水下文化遗产时，要向联合国教科文组织进行报告、并通知相关利益国。水下文化遗产的保护和管理要信息共享、互相支持，利用国际数据库，公布有关违反公约或国际法挖掘或打捞水下文化遗产的信息。对此，联合国教科文组织具有不同于一般国家的优势，它能够作为国际机构组织各国间的国际合作，监督各国水下文化遗产保护状况，并及时针对紧急情况、采取措施，从而在全球范围内切实保护水下文化遗产。

④ 公约沿用了《联合国海洋法公约》关于争端解决机制的规定，在第二十五

条“和平解决国际争端”中规定，在当事国之间争议调解或调解无效的情况下，依《联合国海洋法公约》第十五部分有关争端解决的条款，经必要修改后，可适用于本公约缔约国之间在解释或实施本公约中出现的任何争端。而我国目前对《联合国海洋法公约》第十五部分“争端解决程序”中仅选择了第二九二条第一款中调解和协商的程序，对国际法院（International Court of Justice，ICJ）、国际海洋法仲裁庭（International Tribunal for the Law of the Sea）及根据公约附件七、附件八组成的特殊仲裁庭的仲裁都作了保留，不承认此类国际争端的强制解决。从我国 1971 年恢复在联合国的合法席位后，一向对国际司法机构采取谨慎的态度，没有利用国际法院解决与他国之间争端的先例。在我国参加的一系列公约中，对“将争端提交国际法院解决”的条文都无一例外地提出保留。如 1983 年《保护工业产权的巴黎公约》、1946 年《联合国特权与豁免公约》、1963 年《关于在航空器内的犯罪和犯有某些其他行为的公约》等。但就目前发展而言，在不危及主权国家安全的前提下，利用相关的国际仲裁机构仲裁或国际法院诉讼，推进一些领域的权力资源配置，同其他国家、国际组织积极务实地解决相应纠纷，也为学者所倡导。

此外，公约还规定了水下考古科研培训、提高公众意识等内容。这可以有效推进发展中国家水下文化遗产的保护，对我国这样的水下文化遗产大国具有重要意义。因为考古科研培训关系到水下文化遗产开发与利用，而公众意识提高对保护水下文化遗产而言具有不可替代的作用。

第五章

我国环境法和文化遗产法对“海上文化线路”遗产保护应有的立法思考及执法建议

第一节　我国环境法和文化遗产法对“海上文化线路”遗产保护应有的立法思考

一、我国水下文化遗产保护法的完善

完善水下文化遗产保护的法律制度，是有效推进水下文化遗产保护的前提。完善中国水下文化遗产保护立法的基本思路应以《水下文化遗产保护公约》为出发点，结合各国的立法趋势，分析中国水下文化遗产保护立法的成效与不足，提出完善中国水下文化遗产保护立法的对策。

（一）中国应考虑加入《水下文化遗产保护公约》

首先，我国水下文化遗产保护的形势非常严峻。沿海地区盗捞活动日益猖獗，国际的“海上大盗”也频频对我国水下的文化遗产进行破坏，或者在其他国家水域发掘来源于我国的水下文化遗产。对此，仅凭一国之力很难应对这种跨国盗捞的行为。而公约提供的国际合作平台以及较为完善的法律体制，比如赋予沿海国对领海之外水域水下文化遗产的管辖等，都为有效打击破坏水下文化遗产的行为提供了良好的应对措施。

其次，长期以来，由于资金、技术和人员的匮乏，我国水下文化遗产保护工作困难重重。欧盟通过MOSS项目、利用国际合作帮助芬兰博物馆走出困境的先例，很值得我国借鉴。另外，公约为水下文化遗产保护提供的完善的国际合作体制，也将推动水下文化遗产保护事业的发展，尤其是开发、维护技术和相关人员的优化。

第三，沿海地区人们保护水下文化遗产的意识也有待通过国际合作进一步提高。对于水下文化遗产保护工作而言，群众的自觉实施将大大降低政策和法律实施的成本，同时从根本上遏制非法盗捞的活动。为此，除法律与技术层面的外在制度完善之外，我国水下文化遗产保护还需要利用公约提供的教育与培训机制，提高国民的文化遗产保护意识，同时借鉴其他国家的先进管理经验和管理体制、有效推动水下文化遗产保护。

第四，建构完善的文化遗产保护机制，需要进一步加强水下文化遗产的国际合作。在此，陆上文化遗产的保护通过可执行的国际公约取得的显著成果，非常值得水下文化遗产保护工作的借鉴。由于所在地理位置的特殊性，水下文化遗产保护更需要资金、人员和技术的国际合作，更需要惩治打击的国际合作，由此推进公约的生效进程就成了当务之急。

此外，我国作为水下文化遗产大国，在多年的水下文化遗产保护工作中已经积累了很多经验。在公约的制定和推行过程中，我国政府也一直积极参与，并且是为数不多的具有单独保护水下文化遗产立法的国家之一。在此，我国已初步具备加入公约的制度环境，接下来是要如何进一步结合公约规定完善国内立法的问题。而经过多年的发展，我国在水下文化遗产保护领域已经培养了一批专家和学者，他们的积极参与，将使水下文化遗产保护公约与我国立法和制度结合得更为紧密。另外，我国在海洋资源开发的领域中已经积累了丰富的有关海洋环境、渔业开发等方面的国际和区际合作经验。这些为我国在沿海领域利用公约提供的国际制度开展水下文化遗产保护工作奠定了良好的基础。我国有关水下文化遗产保护的立法，在基本原则和具体实施制度上同公约规定有许多相近或相似之处，比如发现与及时报告制度。这为将来批准和加入公约做好了制度环境的准备。同时，国家文物局、国家海洋局、外交部条法司、交通部救助打捞局等相关利益部门也在积极协调，在制度、人员、资金层面协商，争取早日通过公约，更好地保护我国水下文化遗产。

当然，中国政府在申请加入《水下文化遗产保护公约》的同时，也应当积极参与水下文化遗产保护的国际立法。

（二）中国应积极修改完善国内立法

中国的水下文化遗产法律制度存在着一些缺陷，亟待完善。这些完善措施主要有以下四点。

第一,加大水下文化遗产保护政策与法律的宣传力度,在修订《中国人民共和国文物保护法》时,应明确任何单位或个人发现水下文化遗产时,应维持现场完整,立即报告主管机关,同时上缴已经打捞上来的文物。另外,政府机关对报告者应给予奖励,以鼓励发现者自觉及时地报告所发现的水下文化遗产。

第二,我国应在立法中明确“就地保护原则”。我国的文物保护法应在立法的总则中对该原则加以规定,将就地保护作为文物保护的首选方案。同时,应对如何执行该原则做出具体的法律设计。如文物行政机关对实行就地保护的水下遗址进行进一步的检查,同时对那些面临紧急危险的遗产可以进行抢救性发掘。

第三,对于水下文化遗产的发掘可以在严格限定的条件下引入一定的私人力量介入。国家要对批准参与打捞的私人主体进行严格的审查,要符合国家规定的资质要求。对私人参与打捞的过程,政府机关要进行全程的监督。

第四,《水下文化遗产保护公约》新增加的沿海国对毗连区、专属经济区和大陆架中水下文化遗产管辖权问题,对我国这样的水下文化遗产大国而言,具有积极意义。我国在立法中应予明确,并应在立法中明确“国际合作原则”。

当然,在我国《水下文物保护管理条例》中,也存在着一些符合中国国情、且在某种程度上优越于《水下文化遗产保护公约》的规定。这些是需要在将来的立法中加以完善和继承的,比如关于水下文化遗产发现的及时报告制度。我国条例规定如果有任何单位或个人发现“遗存于中国内水、领海内的一切起源于中国的、起源国不明的和起源于外国的文物;或是遗存于中国领海以外依照中国法律有中国管辖的其他海域内的起源于中国的和起源国不明的文物”都应当及时报告国家文物局或地方文物行政管理部门,已经打捞出水的,要及时提供给国家文物局或地方文物行政管理部门辨认、鉴定。对发现水下文化遗产报告义务的规定,我国条例以“及时”的措辞强调了报告的时间合理性,相较于《水下文化遗产保护公约》的报告义务更为明确。只是对于“及时”的期限限定,应该根据不同水域中的文化遗产而加以区分,因为它所在的自然条件会影响到报告的时间。此外,《中国人民共和国水下文物保护管理条例》还有一些规定是公约未涉及的,也是在保护水下文化遗产工作中需要加以明确的。一方面是明确了水下文化遗产的所有权。在条例第二条规定:遗存于中国内水、领海内的一切起源于中国的、起源国不明的和起源于外国的文物;遗存于中国领海以外依照中国法律由中国管辖的其他海域内的起源于中国的和起源国不明的文物,都属于国家所有,国家对其行使管辖权。对此,联合国教科文组织在公约草案中曾试图加以规定,但最终因为各国国内法对所有权的取得、放弃等相关规定差异太大而放弃。只是以

“为了人类的利益”的措辞，来落实各国通过国际协作保护水下文化遗产的制度。我国条例的这项规定，实际上也是为有效保护水下文化遗产而做出的。与公约并没有冲突，因为公约对此是空白的界定方式，留待由各国以国内法的形式加以补充。另一方面，我国条例明确了水下文化遗产的发掘必须经过审批，不得私自进行。同时，特别要求外国国家、国际组织、外国法人或自然人在中国管辖水域进行水下文物发掘，必须与中国合作进行，并要经过国务院的特别许可。这既是保护本国水下文化遗产权益的客观要求，也是维护国家主权与安全的必要手段。因为位于水下的文化遗产，往往关系到国家的海上军事布局与海底资源分布，对国家经济安全意义重大。

综上，结合目前水下文化遗产保护的迫切形势，我国水下文化遗产保护的相关立法急需完善。具体而言，需要以保护中国水下文化遗产为根本出发点，以《水下文化遗产保护公约》的基本精神和原则为指引，借鉴其他国家的先进立法，结合中国水下文化遗产的实际情况，建构具有中国特色的水下文化遗产法律保护体系。

二、我国应考虑设立“海上文化线路”遗产保护的专门立法

（一）对“海上文化线路”遗产进行专门立法的必要性和可行性

1. 专门立法是适应世界形势的需要

从1978年世界遗产委员会公布第一批世界遗产以来，人们越来越重视文化遗产保护与周围环境关系的问题。法国是保护世界文化遗产法制健全最早的国家之一。1943年，法国在1913年“有关历史建筑”的法律的基础上，通过了“历史建筑周边环境”的法律，通过建立一个以历史建筑为中心的500米为半径的圆周保护区该法对历史建筑进行整体保护。1905年，意大利政府开始关注自然遗产，通过制定法律有目的地保护某些特定海域，内容包括保护和重建海洋生物的生存环境、实施禁渔等内容。1950年，日本政府颁布了《文化财产保护法》，把文化遗产的保护对象扩充到一般城镇的历史街区和历史环境；美国几乎每个国家公园都有独立立法。根据这个世界形势，我国制定保护“海上文化线路”遗产的专项法律势在必行。

2. 专门立法是克服我国现有专业法律之不足的必然要求

前文中已经说到，目前我国各类环境法对“海上文化线路”遗产的保护在内容和力度以及惩罚力度等各方面都存在欠缺，非常不利于有效保护我国的“海上

文化线路”遗产。对这类遗产进行专门立法，可以提高对这类遗产的保护效果。

3. 制止目前普遍存在的对中国海洋文化遗产的破坏、改善中国海洋文化遗产濒临威胁的局面的需要

尽管我国“海上文化线路”遗产具有多方面的重要价值，但其“生存”状况却面临着来自多方面的威胁、破坏乃至大量损灭，其整体现状令人担忧。一是来自环中国海内缘和外缘普遍的快速度城市化、工业化和经济全球化乃至不同程度的“文化全球化”所导致的“建设”性破坏。二是来自国内沿海民间社会对岸上和水下海洋文化遗产的非法盗窃与走私贩卖。三是来自全球性气候变化带来的海平面上升和海洋灾害频发所导致的海洋文化遗产被淹没、侵蚀等慢性蚕食与突发灾难性破坏。四是来自国民海洋文化意识和遗产保护意识的淡漠和缺失。通过对“海上文化线路”遗产保护进行立法，可以有效防止因国家重大海洋开发、重大海底设施工程、重要海底资源开采等活动和作为企业行为的海洋开发与工程的实施等活动对“海上文化线路”遗产的破坏。

4. 服务于维护我国海洋主权安全和领土完整、保障国家海洋权益的国家战略

中国海洋文化遗产，对于维护我国国家主权和领土完整、保障国家海洋权益和我国沿海社会的生存与发展权利，对于国计民生，都具有不可低估的重大价值。由于无论是在东中国海还是南中国海的不少岛屿与海域，《联合国海洋法公约》生效以来都存在着外围国家与我国海洋主权和相关权益的争议，而中国海洋文化遗产在这些争议岛屿与海域都有广泛、大量的分布。因而通过立法来保护这些中国海洋文化遗产在这些岛屿和海域中的历史“先占性”和长期占有性，对于维护我国海洋和岛屿主权和领土完整、保障国家海洋权益具有不可替代的价值意义。

5. 是对环境法的补充，保护海洋环境，实现海洋生态环境的可持续发展

海洋拥有丰富生物资源、各种矿产资源、药物资源以及人类所需能源，它可供人类航运、娱乐、观光，既是人类生存和发展的新空间，也是连接各大陆的主要通道，并具有调节气候的重要功能，对人类社会经济文化产生重大作用和影响。海洋资源具有重要经济价值和生态价值，对人类生存起着决定性作用。保护海洋生态环境，使海洋资源为人类持续利用正日益成为许多国家的共识。

时任联合国秘书长科菲•安南在2001年海洋和海洋法年度报告的开头中引述海洋污染科学问题专家联合组(GESAMP)的观点，开门见山地指出:“世界海洋的

状况正在恶化。绝大多数多年前认定的问题仍然没有解决，而且许多问题更加严重。”[①] 30多年前，时任联合国秘书长瓦尔德海姆则在1973年12月3日纽约海洋法第一期会议上的开幕词中引用了海尔达尔的话：“忽视海洋就是忽视我们三分之二的地球，毁坏海洋就是毁灭我们的地球。一个死亡的地球无助于任何国家。”[②] 现在，认识海洋、共同关心、爱护和使用海洋依然是海洋世纪面临的艰巨任务。

1982年签署并于1994年生效的《联合国海洋法公约》《序言》中指出：“认识到有需要通过本公约，在妥为顾及所有国家主权的情形下，为海洋建立一种法律秩序，以便利国际交通和促进海洋的和平用途，海洋资源的公平而有效的利用，海洋生物资源的养护以及研究、保护和保全海洋环境。”

2002年是《联合国海洋法公约》签署20周年、联合国环境与发展大会通过《21世纪议程》10周年，新世纪人类将面临海洋的何种挑战，各国、各地又将如何调整本国、本地的政策、法律，以应对这种挑战和变化，问题依然很多，但海洋资源、海洋环境保护和可持续发展无疑仍将是全球、更是各国重要而紧迫的课题。

对“海上文化线路”遗产进行立法保护是保护海洋自然环境、自然资源及生物多样性最直接和最有效的措施，是海洋生态环境可持续发展的根本要求。其对海洋环境保护的作用主要表现为以下几个方面。

（1）保护海洋生物多样性的重要基地。

保持海洋的生物多样性对海洋环境的保护具有关键性的意义。海洋生物多样性有着生态、遗传、经济、科学、娱乐等多方面的价值，对海洋生物的进化和保护生物圈生命系统，维护海洋生态平衡，保持海洋可持续利用及对人类可持续发展等都是至关重要的。目前，海洋生物物种不断减少，生物多样性的丰富度持续降低，不少生物物种已变成珍稀、濒危物种，亟待采取措施加以保护。海洋生物多样性保护是一项综合性工作，有许多途径和方法，既可通过对人类损害行为进行控制的方式实施，也可采取对自然危害事件进行预测和预防的办法。对以完整性和真实性为目标的“海上文化线路”遗产进行对于实现对海洋生物多样性的维护是一项经济有效的措施。

（2）维持海域生态平衡。

海洋尤其是沿岸区域生态系统比较脆弱。人类开发及其活动对海洋生态系

---

① ANNAN K A. Oceans and the law of the sea: Report of Secretary-General, [R]. New York: Genral Assembly of the United Nations, 2001: 9.

② 联合国新闻部.《联合国海洋法公约》评介[M]. 高之国，译. 北京：海洋出版社，1986：41.

统的影响，不论是整体的还是局部的，都不同程度地破坏海洋的生命维持系统，降低生态系统生产力。对“海上文化线路”遗产的保护本着真实性、完整性的原则，这对于维持海域生态平衡，对那些具有代表性、典型性和高生产力的海洋生态系统进行卓有成效的保护，可以减缓近岸海域污染和生态系统破坏趋势，逐步改变海洋环境质量与经济发展不协调局面。目前，世界上不少沿海国家和多国联合组织着手进行大海洋生态系统的保护工作。这些活动对保持全球海洋生态系统的健康、恢复和改善都起到了非常积极的作用。

(3) 保留海洋自然条件以及天然本底和原始风貌。

目前，由于人类对海洋的开发愈演愈烈，海洋中未受或很少受人类活动影响的区域已经不多了。对“海上文化线路”遗产进行保护，能较完整地保护一部分海洋生态系统的“天然本底”，使之成为天然的“自然博物馆”。这个被拯救或保存下来的海洋生态系统，可以为衡量人类活动对海洋所造成的影响提供评价依据。

（二）“海上文化线路”遗产保护立法原则

1. 就地保护原则

无论对于陆地遗产，还是对于水下文化遗产来说，“就地保护”都是遗产或文物保护的首选方式和基本原则之一。这已成为学术界和有识之士的共识。

海洋特别是深海，“虽然给水下考古工作带来很大的不便，但却使水下文物特别是有机物得到很好的保护。水下的泥沙无疑可以发挥遗迹、遗物的保护膜或防腐剂的作用，往往可以比地下文物保存得更好”①。在船舶沉入海底的最初阶段，由于海底环境与船舶原处的空气空间环境的巨大差异，沉船及其承载物会很快被海水腐蚀。但随着船舶及其承载物在海水的浸泡下逐渐适应于海底环境，这种腐蚀会减慢下来甚至停止，达到一种较为稳定的化学平衡，从此沉船及其承载物便可在这种相对平衡的环境状态下存留数百年甚至数千年。虽然沉船及其承载物与海水形成了一种相对稳定的平衡，但在海水的长期浸泡与腐蚀下，沉船(特别是木制船舶)及其承载物(瓷器与铜器、金银器等金属器物除外)已变得非常脆弱。它一旦被发掘或打捞出水，其所处的环境发生改变，它们便会迅速腐烂，很难再次与新的次生环境达到另一种新的平衡。而“就地保护”则可以防止这种环境的改变，使沉船及其承载物保存于其原生环境，维持原来的平衡状态，从而得到较好的保护。所以，在通常情况下，水下文化遗产保护的最佳方式便是“就

① 小江庆雄. 水下考古学入门 [M]. 王军，译. 北京：文物出版社，1996：129.

地保护”，而且是不对其采取任何措施，使其自我保存于原生环境——水下文化遗产在海底自然平衡状态下所受到的保护比任何人工手段都有效得多，除非在水下文化遗产面临将遭破坏的现实危险的紧急状态或出于科研之必需而进行发掘或打捞。

2. 国际合作原则

水下文化遗产开发在人员、资金、技术方面的要求很高，比陆地考古的人员、技术和成本的要求都高得多。即使在世界范围内，专业性的水下考古学家也很少；而且分布很不平衡，大多集中在发达国家，发展中国家的水下考古学家的数量寥寥。同时，发展中国家的技术落后，资金也严重缺乏，难以单独开展开发水下文化遗产的活动；即使发展中国家的有关机构将水下文化遗产打捞出水，也缺乏必要的养护人员、资金和技术。但在发展中国家所管辖的海域之内，水下文化遗产的数量却比发达国家所管辖海域内的数量大的多，特别是像中国——古代中国与国外交流的航线所经过的海域。该种海域也常常处于发展中国家的沿海。

当发展中国家无力对该种遗产进行有效的保护和研究时，发达国家就应当弥补发展中国家的这种能力的不足——当然，考虑到权利、义务的平衡性，发达国家也有权分享关于水下文化遗产的信息。另外，由于缔约国在各海域的管辖权方面常常存在冲突，在发生管辖权重叠与冲突时，缔约国应进行善意的合作，以便于对水下文化遗产提供及时、有效的保护。

3. 禁止商业性开发原则

之所以禁止这些商业性开发行为，是因为这些开发行为对水下文化遗产的破坏性很大，且属于纯粹为私人谋利益的行为，有悖于公约的“为全人类之利益保护水下文化遗产”的宗旨。在水下文化遗产的打捞阶段，滥掘式的商业性打捞的目的只是追求商业性利益，为了打捞商业价值高的水下文化遗产，探宝者可能会丢弃甚至破坏商业性价值微小的水下文化遗产，而这些商业价值微小的水下文化遗产可能具有很高的考古学术价值。但是，由于水下文化遗产是不可再生资源，商业性开发就使得这些重要的遗产资料便永久地灭失了，所以必须禁止一切单纯以营利为目的的商业性开发。

4. 真实性原则

真实性，即本真性、原真性。真实性原则要求在文化遗产的认定、记录、保存、修缮、传承等各个环节，完整准确地保护文化遗产本身的历史信息和文化价值的真实性，不得随意改动、破坏其历史信息和文化价值。

一般认为，该原则由1964年《关于古迹遗址保护与修复的国际宪章》即《威尼斯宪章》所确立。该宪章并未对“真实性”的含义作明确的解释，但强调“保护与修复古迹的目的旨在把它们既作为历史见证，又作为艺术品予以保护。”既然要作为历史见证予以保护，当然必须是真实的。该宪章还在保护、修复和发掘等各个环节对如何保护和突出古迹遗址的真实性提出了具体要求。这些具体要求后来在《实施〈保护世界文化与自然遗产公约〉的操作指南》中得到进一步肯定，并成为检验一个候选世界文化遗产地是否符合世界遗产委员会所列6项关于突出普遍价值标准的重要因素。值得注意的是，虽然真实性原则经常与世界遗产联系在一起，却不仅仅是世界遗产保护的基本原则，而且也不仅仅是不可移动文物保护的基本原则，因为《威尼斯宪章》中所指历史古迹其实既包括不可移动的古迹遗址，也包括可移动的艺术品，其第一条明确指出:“历史古迹的概念不仅包括单个建筑物，而且包括见证了一种独特的文明、一种有意义的发展和历史事件的城市和乡村环境。这不仅适用于伟大的艺术品，而且亦适用于随时光流逝而获得文化意义的更为朴实的艺术品。”1994年《奈良真实性文件》也明确肯定真实性原则适用于所有文化遗产:《威尼斯宪章》所探讨及认可的真实性是有关价值的基本要素。对于真实性的了解在所有有关文化遗产的科学研究、保护与修复规划以及《世界遗产公约》与其他遗产名单收录程序中都起着至关重要的基本作用。

在我国相关法律中，对文化遗产保护的真实性原则也有明确要求。《中华人民共和国文物保护法》虽然没有以专门的条文规定文物保护的基本原则，但在具体规定中多次提及“不改变文物原状”原则。比如第二十一条第四款规定:“对不可移动文物进行修缮、保养、迁移，必须遵守不改变文物原状的原则。”第二十六条规定:“使用不可移动文物，必须遵守不改变文物原状的原则，负责保护建筑物及其附属文物的安全，不得损毁、改建、添建或者拆除不可移动文物。”第四十六条规定:“修复馆藏文物，不得改变馆藏文物的原状……”不改变原状是真实性原则的基础，只有不改变文物原状，才能最大限度地保存文物的历史信息和文化价值。但只强调不改变原状，或者说维持原状是不够的;还应将文物的历史变迁信息也尽可能完整地保存和展示出来并流传下去，才能更全面地实现其文化价值。经过几百年上千年的岁月侵袭，文物仍保持其诞生时的原貌是不可能的。很多文物由于其材质、结构的特殊性或者年代久远等原因，流传至今已经有较大损坏，甚至濒临倒塌或毁灭，需要修复或加固，才能恢复其本来面貌或阻止其进一步损毁。但任何修复或加固都必须尽可能保持其原有的信息，而且历次修复或加固信息也应该完整真实地保存并留给后人。事实上许多文物在历史上也经过某些修缮或添建，这些信息也是后人研究、了解前人历史的重要资料。

2000年，国际古迹遗址理事会中国国家委员会制定的《中国文物古迹保护准则》(2015年修订)对“不改变文物原状”原则进行了深层次的阐释，并提出了一系列具体要求。其“总则”第2条明确宣布:“……保护的目的是通过技术和管理措施真实、全面地保存其历史信息及其价值。”第三章《保护原则》中，有多条是对“不改变文物原状”原则的具体化，如原址保护，尽少干预，保护现存实物原状和历史信息，正确把握审美标准等。与该准则配套的《关于〈中国文物古迹保护准则〉若干重要问题的阐述》3.1～3.3进一步对“不改变文物原状”原则进行了阐释：所谓“原状”既包括实施保护前文物古迹的状态，也包括历次修缮、改建、重建后留存的有价值的状态，以及能够体现重要历史因素的残毁状态，原有环境状态等；不改变文物原状包括保存现状和恢复原状两方面的内容。

只有坚持文化遗产的真实性原则，去伪存真，才能在实践中坚决抵制“假古董”“伪民俗”，防止文化遗产保护的庸俗化、功利化倾向。

5. 整体性原则

整体性(integrity)，即完整性。整体性原则要求在文化遗产保护中，完整地保护文化遗产的所有形式与内涵，及其所处的自然与人文环境。

整体性原则首先要求对文化遗产本身的各个组成部分完整地加以保护——对于文物古迹的保护而言，必须将一处古迹作为一个整体加以保护、不能以现代人的审美观和价值观武断地判定其中的哪些部分值得保护、哪些部分不值得保护，因为任何一处古迹所包含的历史信息和文化价值只有构成一个完整的信息链，才能起到历史见证的作用。在世界遗产的保护中，整体性原则被列为检验一项遗产是否具有突出的普遍价值的一个重要因素。《实施〈保护世界文化与自然遗产公约〉的操作指南》第87段明确要求:“所有申报《世界遗产名录》的遗产必须具有完整性。”第88段指出:“完整性用来衡量自然和/或文化遗产及其特征的整体性和无缺憾状态。”为了方便各缔约国申报，该指南进一步规定了评估一项候选文化遗产或自然遗产是否具有完整性的具体标准。

整体性原则还要求对文化遗产所处的自然和人文环境一并加以保护。任何文化遗产都是特定人群基于其特定的自然和人文环境而创造和发展的，只有结合其特定的生长环境才能真正理解其历史文化内涵。因此，《威尼斯宪章》第六～八条指出：古迹的保护包含着对一定规模环境的保护；古迹不能与其所见证的历史和其产生的环境分离，必须实行原址保护，除非迁移是唯一的保护办法；构成古迹有机组成部分的雕塑、绘画或装饰品也应尽可能不移动而实行原址保护。《中国人民共和国文物保护法》的具体规定也体现了整体保护的理念，对不可移动文物尤其是文物保护单位的保护并不局限于文物本体，也要求尽可能地保护其周围环境和整体风貌，并严格限制在文物保护单位保护范围和建设控制地带内的作业活动。《中国文物古迹保护准则》也将文物环境的整体性保护作为一项重要的原则，第二十四条明确要求：“必须保护文物环境。与文物古迹价值关联的自然和人文景观构成文物古迹的环境，应当与文物古迹统一进行保护。”

6. 可持续发展原则

可持续发展（sustainable development）的概念最初起源于挪威前首相布伦特兰夫人领导的联合国环境与发展委员会完成的一份著名报告——《我们共同的未来》。在这一报告中，可持续发展是指“既满足当代人的需要，又不对后代人满足其需要的能力构成危害的发展”。可持续发展原则作为环境保护的基本原则已经得到世界各国和社会各界的普遍认同。联合国《21 世纪议程》要求沿海国家在资源和环境保护方面采取有效措施以防止海洋环境的退化。我国也专门制定了《中国海洋 21 世纪议程》，把海洋可持续利用和海洋事业协调发展作为中国 21 世纪海洋工作的指导思想。

对“海上文化线路”遗产保护的立法同样也要遵循可持续发展原则。“海上文化线路”遗产（包括水上与水下）长期以来已经与周围的海洋环境、水文特征、海洋生物以及底土等各种海洋因素形成了一种化学生态平衡。这种平衡一旦打破，很可能引发严重的海洋灾难。用法律来保护“海上文化线路”遗产与海洋环境的生态平衡，禁止用不科学的方式方法发掘、打捞“海上文化线路”遗产，可以防止海洋污染和海洋生态平衡的破坏。“海上文化线路”遗产与后代人的福祉密切相关，它能让后代人感受到社会的进程，获得利用这些遗产的机会并在艺术上的得到享受，在当代人留下的宝贵财富的基础上，建设和发展他们的社会。因此，在“海上文化线路”遗产保护立法时必须坚持可持续发展原则。

7. 适度开发原则

在保护海洋文化遗产的同时，作为一种不可多得的文化资源，“海上文化线路”遗产是提升国际地位、发展城市文化旅游业的重要内容和载体，对其适度开发利用有利于城市形象塑造和城市经济增长。因此，立法还要本着适度开发原则制定恰当的允许条件和禁止法令，确保对“海上文化线路”遗产的内涵和价值进行深度挖掘和充分展示。在保护传承的基础上，使其向现实价值转化。这样既可充分体现文化遗产的历史价值和人文精神，也可使之更好地融入到城市建设和发展中发挥其不可替代的作用。

（三）立法相关制度设计

1. 海洋环境影响评价制度

环境影响评价，是指在一定区域内进行开发活动之前，对实施该活动可能给环境质量造成的影响进行调查预测的评定，并对此做出分析、处理意见和对策。环境影响评价制度是对传统经济发展方式的变革，它可以把经济建设与环境保护协调起来。这一制度同样适用于对“海上文化线路”遗产的保护。“海上文化线路”遗产有它存在的特定的海洋环境，人类的海上作业必须充分考虑“海上文化线路”遗产所处的海洋环境。在海洋工程建设前和建设中，都必须适应于海洋生态环境。在建设项目可行性研究阶段，对“海上文化线路”遗产的海洋生态环境进行科学调查，编报环境影响报告书，并报相关管理部门备案，接受环境保护行政主管部门以及文物保护部门的监督。

2. 禁止商业性开发制度

未经国家文物局批准，任何单位或者个人不得以任何方式私自勘探或发掘“海上文化线路”遗产。对破坏“海上文化线路”遗产，以及私自勘探、发掘、打捞水下文物，或者隐匿、私分、贩运、非法出售、非法出口水下文物的个人或组织，要依法给予行政处罚或者追究刑事责任。

另外，可参照《中华人民共和国文物保护法》中第二十一条规定：“对不可移动文物进行修缮、保养、迁移，必须遵守不改变文物原状的原则。”以及《关于外商参与打捞中国沿海水域沉船沉物管理办法》第十五条：“捞获物中夹带有文物或者在打捞作业活动中发现文物的，应当立即报告当地文物行政管理部门，由文物行政管理部门按照中华人民共和国有关文物保护的法律、法规处理，并给有关人员适当的奖励。”这些规定从反面的禁止性规定确保了对水下文化遗产的保护。

3. 开发特许制度

《中华人民共和国水下文物保护管理条例》第七条专门就水下文化遗产的开发特许制度做出规定：“任何单位或者个人在中国管辖水域进行水下文物的考古勘探或者发掘活动，必须向国家文物局提出申请，并提供有关资料……外国国家、国家组织、外国法人或者自然人在中国管辖水域进行水下文物的考古勘探或者发掘活动，必须采取与中国合作的方式进行，其向国家文物局提出的申请，须由国家文物局报经国务院特别许可。”这种由政府同一形式开发授权许可制度的实施，大大地加强了水下文化遗产的保护工作。这对“海上文化线路”遗产保护也是一个很好的制度借鉴。

第二节 我国环境法和文化遗产法对“海上文化线路”遗产保护的执法建议

一、设立专门职能部门

2012年6月13日，根据中央编办复字〔2012〕119号的批复，同意在中国文化遗产研究院加挂“国家文物局水下遗产保护中心”牌子，负责组织实施全国水下遗产调查、发掘、研究和保护等工作。目前，国家文物局水下遗产保护中心下设综合研究部、水下考古部、设备与技术保障部、出水文物科学保护实验室等部门，共有科研人员数十人，并先后在宁波、青岛、武汉、福建等地设立国家水下文化遗产保护基地。这明了国家大力发展水下“海上文化线路”遗产保护事业的决心，是国家对水下文化遗产保护事业进行统筹规划、管理的重要载体，也将是实现我国水下“海上文化线路”遗产保护事业跨越式发展的主要力量。因此，建议应该在更加宏观的立场上建立“海上文化线路”遗产保护专门机构，确保对“海上文化线路”遗产进行全方位、立体式的保护。

二、加大执法力度

要严格依照保护“海上文化线路”遗产的法律、行政法规办事，任何单位或者个人都不得做出与法律、行政法规相抵触的决定；各级文物行政部门等行政执法机关有权依法抵制和制止违反有关法律、行政法规的决定和行为。严厉打击破坏“海上文化线路”遗产的各类违法犯罪行为，重点追究因决策失误、玩忽职守，造成“海上文化线路”遗产破坏、被盗或流失的责任人的法律责任。充实“海上文化线路”遗产保护执法力量，加大执法力度，做到执法必严、违法必究。因执法不力造成“海上文化线路”遗产受到破坏的，要追究有关执法机关和有关责任人的责任。

三、建立“海上文化线路”遗产保护执法监督体系

把“海上文化线路”遗产保护执法由政府单向管理的“一元结构”转变为执法机关、公众组成的“二元结构”，建立执法机关严格执法、公众全面参与监督的“二元”执法监督体系，这是“海上文化线路”遗产保护执法体制创新的重要探索。一来可以强化环境监察执法能力建设，切实提高环境执法能力和水平。二来可以完善公众参与环境监督的机制。落实群众知情权、参与权、监督权和索赔权。开辟各种渠道，公布环境信息，使公众了解“海上文化线路”遗产保护的真实情况。实行有奖举报，做到及时受理、及时处理、及时反馈，使公众监督权落到实处。

四、加强“海上文化线路”遗产保护的队伍建设

各级人民政府要将“海上文化线路”遗产保护经费纳入本级财政预算，保障重点“海上文化线路”遗产经费投入。抓紧制定和完善有关社会捐赠和赞助的政策措施，调动社会团体、企业和个人参与“海上文化线路”遗产保护的积极性。加强“海上文化线路”遗产保护管理机构和专业队伍建设，大力培养“海上文化线路”遗产保护和管理所需的各类专门人才。加强“海上文化线路”遗产保护科技的研究、运用和推广工作，努力提高“海上文化线路”遗产保护工作水平。

五、加大海上文化线路保护的宣传力度

营造保护“海上文化线路”遗产的良好氛围。认真举办“文化遗产日”系列活动，大力宣传“海上文化线路”遗产保护的内容，提高人民群众对“海上文化线路”遗产保护重要性的认识，增强全社会的“海上文化线路”遗产保护意识。各级各类“海上文化线路”遗产保护机构要经常举办展示、论坛、讲座等活动，使公众更多地了解“海上文化线路”遗产的丰富内涵。教育部门要将优秀“海上文化线路”遗产内容和“海上文化线路”遗产保护知识纳入教学计划，编入教材，组织参观学习活动，激发青少年热爱祖国优秀海洋历史文化的热情。各类新闻媒体要通过开设专题、专栏等方式，介绍“海上文化线路”遗产和保护知识，大力宣传保护“海上文化线路”遗产的典型人物和事迹，及时曝光破坏“海上文化线路”遗产的违法行为及事件，发挥舆论监督作用，在全社会形成保护“海上文化线路”遗产的良好氛围。

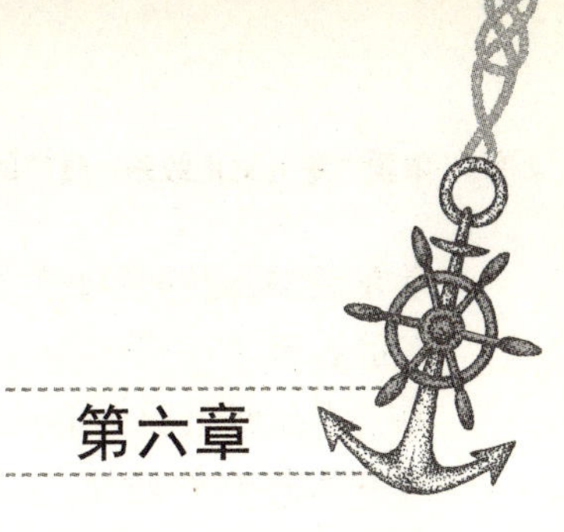

第六章

我国“海上文化线路”遗产保护的热点问题

第一节　我国“海上文化线路”遗产保护的国际合作

《保护世界文化和自然遗产公约》规定了国际合作原则。其第七条明确规定：“在本公约中，世界文化和自然遗产的国际保护应被理解为建立一个旨在支持本公约缔约国保存和确定这类遗产的努力的国际合作的援助系统。”美国加入《保护世界文化和自然遗产公约》比中国早12年，比埃及、伊拉克早11年，比意大利早7年。这说明一些比较重视世界遗产保护的国家都普遍重视加强与周边国家及世界其他国家的合作。联合国教科文组织在1970年通过了《关于禁止和防止非法进出口财产和非法转让其所有权的方法的公约》，1972年通过了《关于在国家一级保护文化和自然遗产的建议》等等，联合国各成员国均受这些公约的约束。国际古迹遗址理事会1987年通过的《保护历史城镇与城区宪章》也进一步推动了遗产资源保护的国际合作。一些世界遗产法律保护体系较为完善的国家十分重视区域性合作。1969年，欧洲理事会的各成员国在认识到欧洲的考古遗产对了解欧洲文明历史至为重要后，通过了《保护考古遗产的欧洲公约》，以保护考古遗产的完整的历史意义。美洲国家组织各成员国也在1976年通过了《美洲国家保护考古历史及艺术遗产公约》。应该说，世界遗产资源保护强国以国际合作的形式保护遗产资源起步都较早，也较为成功。

一、对“海上文化线路”遗产保护加强国际合作的意义

拥有32 000千米海岸线的中国，虽然并不像地中海文明所表现的那样完全或部分地依赖大海生存，但毋庸置疑的是，海洋在古今中国的社会发展中处于非

常重要的地位，应予关注。一方面，我国是跨国“海上文化线路”遗产资源最丰富的国家，“没有任何一个世界文化遗产将如此众多的古老文明联系在一起”①，海上文化线路历史最长（历经整个封建社会）；空间最广（所涉日韩、东南亚、美洲国家达数十个）；文化遗产最为丰富，保存相对完好（这是由于“海上文化线路”主要由海路组成，对文化遗产的人为干预较小）；声誉最为卓著（在世界迄今所知的文化遗产中尚未见有如此规模的时间、空间以及遗产多样性的遗产群、遗产链的组合）。所以，该类文化遗产是中华文明向世界范围输送、传播的历史证明和重要渠道。另一方面，中国是海洋地理方面相对不利的国家，专属经济区与大陆架几乎全部与邻国相连，均存在与邻国划界的问题，使水下文化遗产保护的工作环境更加复杂，也承载着更多意义。通过国际合作机制来解决国内法无法提供救济的问题，不失为值得借鉴的方案。国际合作可以从深层次上促进和引导我国水下文化遗产保护工作的改进，改变目前行业工作零散、发展框架不明晰的状况，彰显我国水下文化遗产保护国际形象，也能为我国水下文化遗产保护共享信息与技术提供途径及保障，对于国内水下文化遗产工作方法与技术也会有所促进，进而能够为中国与周边国家开展广泛、深度、多方面的合作提供平台和契机。具体来说，对“海上文化线路”遗产保护加强国际合作主要有以下意义。

（一）传播与学习遗产保护理论和方法

这一战略可以在国际层面应用和检验中国在长期历史过程中积累的遗产保护观念、理论、方法、技术，应用和检验中国近、现代在遗产保护方面的理论成果与实践成果。对“海上文化线路”遗产保护进行国际合作，既可向合作国家和国际遗产界传播中国遗产研究的知识成果，并从国际和世界层面认识和评价中国遗产保护理论和方法的普适性（universal）意义，同时也有助于中国从这些国际实践中进一步学习、丰富、更新和发展自己的遗产保护理论。

（二）对合作双方的文化、政治和经济意义

一项好的文化遗产国际合作研究，应当具有文化、政治、经济三重意义。就其文化意义而言，这一合作研究，或可发现新的遗产，或可产生对现有遗产新的价值认知，或使被损毁遗产得到妥善的修复。从遗产所揭示的中国与合作国家之间文化的历史联系上，认识、改善和发展现实中的中国与合作国家的国家关系，

① 南宇，李兰军．丝绸之路中国段跨国申报世界遗产理论与实践的意义和价值[J]．宁夏大学学报：人文社会科学版，2010，32(1)：204．

从而达到“文化睦邻”的目的。就其政治意义而言，既可表现为遗产本身作为“国家身份”(National Identity)的政治意义，又可表现为这样成功的合作会进一步促进和发展中国与合作国家的政治联系，有助于提高合作国家在国际和世界遗产界中的地位。就其经济意义而言，经济全球化是当代世界发展的显著特征，并且其方式与效果受争议。就经济全球化而言，是追求均富还是畸贫畸富？发生于海上文化线路的东西方国家的经济交往，其成功、其曲折，均可为当代社会提供启示，从而使当代人对“全球化”“区域化”等概念有一种植根于历史的感悟，也有利于联合和统一规划分布于亚洲各国的同类遗产，开展跨国文化旅游以及其他形式的区域开发项目。

(三) 提高中国参与国际或世界遗产事务的能力

国际合作战略将为中国遗产界提供一个锻造和发展参与国际遗产事务能力的平台。它们有助于中国获得世界性体验，世界性视野，对世界遗产事业状况的洞察，以及参与这些事务的经验和知识能力。这样，中国在世界遗产界，将不再是一个徒具形式平等的被动的“倾听者”，而真正成为具有实质平等的话语权和决策干预权的积极参与者。这将会更为有效地保护中国的文化利益，推动中华民族的文化复兴，同时也能更为有效地保护一直处于弱势和被支配地位的发展中国家的文化和政治利益，推进世界文化遗产事业更为健康和卓有成效地发展。

(四) 提高联合申遗的成功率，有效保护“海上文化线路”遗产

海上文化线路或由交通线产生，或由人员和文化交往产生，或由政治版图的变化产生。这些遗产的价值不只是所在国层面，而应从跨国层面、地区层面乃至世界层面加以认识。由于这些遗产大多源自中国，其重心和主体也在中国，或者是由中国向外输出或辐射而产生的；因此，中国在此类遗产的合作研究中，一般拥有遗产资源优势与知识能力优势。此类遗产主方国家可以从联合研究中获得的收益，将是相当全面的。此类研究有利于更好地认识这些遗产的价值并保护这些遗产，进而有可能将此类遗产中的最高品位部分，与中国的同类遗产一道，联合申报世界文化遗产。

二、“海上文化线路”遗产保护规范的基本特征

(一) 文化的“动态交流”决定了规范的协同性

“线性文化遗产”的一大特征就是强调文化的持续交流和融合共进，而“海

上文化线路”遗产则更突出了不同国家、不同民族文化的碰撞和对话，进而整合成一个完整的生态系统。这个生态系统包括了地理上对不同国家和地区的连接，也包括文化的关联和认同。这就要求在规范设定中，有必要为不同国家、组织、群体构建统一的平台，并在共同认可的法律逻辑框架下加强参与者之间的联系，进而促进合作方之间的信任，即立足于建立各个不同国家政府间以及部门间的协同性保障机制，为其后应对可能出现的诸如开发利用规划、管理组织架构、合作方的配合等方面的挑战构筑法律支撑。

（二）权属的多重性和排他性决定了规范的系统性

“海上文化线路”遗产权属的多重性主要涉及两个层面的问题：第一，由于各线路段的所属国不同可能带来的国家主权问题；第二，某一国内各遗产所有权主体的不同。由于海上文化线路途经两个以上的国家或地区，这些国家或者地区基于线路的链接而形成某一统一的“文化地域”。对于各路段的所属国而言，文化遗产权属关系首先必定涉及国家主权问题而具有明显的排他性，但同时“海上文化线路”遗产所具有的“文化地域性”特征又要求保护工作的开展适度摆脱或在一定程度上牺牲部分的国家利益以维护遗产价值的完整。想要解决这一矛盾，就需要建立有效的国际法律体系。这一观点也得到国外专家学者的认同，对规范的系统性要求极高，主要是国际法和国内法的对接、法律规范和配套措施的匹配等。而第二层面的问题可以通过各国国内立法予以解决。

（三）价值的多样性决定规范利益分配的突出地位

不同于其他类型文化遗产的价值多元化特征，“海上文化线路”遗产在促进以多边合作为基础的地域性利益方面具有显著的、不可替代的价值，而且这个价值体系突破了文化遗产价值本身而具有极强的延展性和带动效应。“海上文化线路”遗产所具有的促进不同文明之间交流、融合、和谐发展的功能可以起到加强不同民族传统、宗教等文化认同的作用，文化的认同可以减少民族矛盾，增进民族了解，降低爆发冲突的可能性，进而维护区域特别是周边地区稳定，促进地区和平的作用。这种政治价值在当今世界备受推崇。同时，通过对遗产价值的开发和利用，有助于多国开展经济合作，发展地区经济，以其为基础的平台搭建相较于单纯的经济合作更具柔韧度。因此，“海上文化线路”遗产保护规范是一系列对文化遗产价值性利用予以认可的制度，要将相关多重利益的有效分配和促进纳入其中，建立规范化的均衡分配体制，以此推进保护工作的顺利开展。

三、“海上文化线路”遗产实行国际合作的法律保护的规范性原则

与其他文化遗产保护立法的原则不同，跨国“线性文化遗产”涉及不同的国家利益而使其具有独特的内涵，即必须在保护为先的基础上以各遗产所属国共有利益的最大化为主要目的予以设定。

（一）起源国主导原则

所谓的“起源国主导原则”主要是指对于具有统一的文化根基，并依附于该根基，通过不同文明的演变、融合进而形成独特特征的文化形态，在其保护、发展、利用等过程中应当对文化发源地所在国在权利与义务的设定方面予以侧重原则。正如徐嵩龄在谈到具有中华文明特色的跨国“线性文化”遗产时所论述的：“这些遗产大多源自中国，其重心和主体也在中国，或者是由中国向外输出或者辐射而产生的，因此，中国应居于主导地位。”[①] 不同于一国境内的“线性文化遗产”，“海上文化线路”遗产的起源地即是文化产生的源头，即使该线路所涵盖的内容在途经不同所属国由于与当地文化的融合形成多元的文化特点，但核心部分不会因此改变。确立起源国主导原则，在文化研究领域有利于发挥起源国的资源和知识优势，统一保护理论与实践；在利用层面，有利于各国统一规划，联合开展区域开发项目；在政治层面，利于更好认识、改善各相关国的国家关系；在实践方面，有利于各所属国更为高效地开展保护工作。因此，该原则不但应当体现在世界遗产的申报过程中，还应当贯穿于其他相关国际事务中。具体到法律层面，“起源国主导原则”决定了在规范制定和实施过程中，应当更充分地调动起源国的优势，明确其承担作为法律机制运作的协调者和主要执行者的地位，赋予其包括在管理机构的建立和运作、跨国保护工作的开展，文化遗产开发、利益的合理分配、国际责任的判断与承担等方面的权利。

（二）地区合作原则

伴随着“文化遗产”作为全人类共有资源的公益性价值理论逐步获得认可，在文化遗产保护领域，几乎所有相关国际法律文件中都将“国际合作”作为一个重要部分予以阐释，其已经成为文化遗产保护的基本原则之一。不同于传统的单纯以经济合作为主要目的的地区合作，以文化发展和认同为目的，进而带动经

---

① 徐嵩龄. 第三国策：论中国文化与自然遗产保护［M］. 北京：科学出版社，2005：155.

济发展，从而构建一体化地区合作机制的模式是一种值得探索的创新。而“海上文化线路”遗产的保护为这种模式的建构提供了契机。在国际合作视角下，对于“海上文化线路”遗产的保护，则更应当关注由文化线路跨越不同地理文化空间所形成的地域范畴，即以文化线路途经的各所属国为范围的、特定区域内的多边合作。这就要求在跨国文化遗产保护规范的制定和实施过程中，“强调遗产的线性、连续性，并不受遗产的地理、行政区域限制，倡导各国加强对本国(境)内线路的立法保护，同时就跨国线路部分进行立法合作，并强调公众参与”[①]。主要包括：第一，通过制定具有效力的国际法律文件，如条约、协议、协定的方式，形成统一的法律规范体系，并在该体系下构筑合作平台，帮助、实施涉及多国利益的文化遗产保护项目的开展；第二，各相关国(主要指文化线路的所属国)在制定具体的国内法律时相互协作，尽量达到统一，提高契合度；第三，线路所属国中经济较发达的国家应当肩负更多的义务，并为其他国家提供援助，削弱文化认同的脆性，进而为合作行动的开展提供稳固的支撑。

(三) 整体性原则

从一般意义上讲，“整体性原则”可以适用于所有形态的文化遗产保护，但由于“海上文化线路”遗产的特征，需要予以特别强调。其一，从内部要素的构成上来讲，线性文化遗产更为复杂多样。《文化线路宪章》将文化线路分为交通线路本身和基本衍生要素两类，基本衍生要素又分为有形遗产资源与非物质遗产要素。然而，由于CIIC过度强调非物质文化遗产保护的重要性，“在一定程度引起了理解上的混淆，似乎文化线路是物质和非物质遗产混合的‘双遗产’”[②]，致使线性文化遗产的整体性受到威胁。为了避免给保护工作的开展带来困扰，2001年6月在西班牙潘普洛纳召开的CIIC国际会议上对文化线路中的无形遗产问题作了清楚解释，进一步强调“线性文化遗产”中非物质文化遗产与物质文化遗产以及其他遗产要素的相关性和一体性。其二，在外部要素上，整体性是判断文化线路真实存在重要标准，不同国家内的路段由于具备功能上的同一性、互补性，文化上的融合性而形成相互关联的统一整体，线路的整体价值大于其各部分价值之和。因此，基于跨国“线性文化遗产”的多国属性以及文化遗产本身所包含的内部构成要素和外部价值要素，“整体性原则”要求各所属国有必要通过

---

① 李林. “文化线路”对我国文化遗产保护的启示[J]. 江西社会科学，2008(4)：205.

② 王建波，阮仪三. 作为遗产类型的文化线路——《文化线路宪章》解读[J]. 城市规划学刊，2009(4)：89.

制度规范的方式建立在横向上具有多边性、在纵向上跨学科的联合保护组织，构筑整合协作的方法体系，设计阶段性战略规划以达到保护文化线路各组成要素价值的充分展现；同时，杜绝由于所有权的多重性而进行简单的价值分割和利益分配的目的。

（四）可持续发展原则

可持续发展原则在文化遗产领域主要用于处理保护与开发利用之间的关系。在开发层面，ICOMOS在《文化线路宪章》中承认：文化线路的使用可以被用来促进社会和经济效益的发展。利益的取得成为推动“海上文化线路”遗产保护的主要动力之一。以“丝绸之路”为例，2013年，我国就提出建立“丝绸之路经济带”。申遗成功后，《丝绸之路经济带和海上丝绸之路建设战略规划》（简称“一带一路”规划）很快被纳入议事议程。另外，据报道，甘肃省已经围绕“丝绸之路经济带”规划20个旅游大景区[①]。在保护层面，由于“海上文化线路”遗产涉及除本国外的其他线路段所属国，在资源利用方式上具有明显区域化特征，任何一国的破坏性开发都可能导致其他国家资源价值的丧失，因此，可持续发展原则的确立具有重要意义。它关系到各所属国如何保存和管理文化线路，以保证其构造和价值能够保存完好地传承给后代。基于此种原因，按照《文化线路宪章》的规定，“以发展旅游为目的的文化线路开发，在任何情况下必须优先考虑当地社区参与和当地及该地区的旅游公司，应尽力防止国际大公司和沿线较发达国家大公司的垄断。”[②] 各国在制定保护政策的过程中应尊重客观环境和规律，将遗产的当前利益和长远利益结合起来，坚决避免为追求经济利益而导致的过度开发行为。同时，可持续发展原则还要求各国积极开展促进海上文化线路发展的活动，通过立法方式有效拓展遗产价值的广度和深度，并对保护政策不断审查和更新，以适应发展要求。

四、国际法框架内的基本制度设计

“海上文化线路”遗产保护在国际法领域需要解决的问题主要涉及具有协调

---

① 张陇堂. 甘肃丝绸之路经济带将建20大景区.［EB/OL］.（2014-08-07）［2014-08-17］. http://fashion.ifeng.com/travel/news/detail-2014-08/07/37907277-0.shtml.

② 国际古迹遗址理事会文化线路科学委员会. 国际古迹遗址理事会（ICOMOS）文化线路宪章［J］. 丁援，译. 中国名城，2009（5）：56.

权能的、得到各遗产所属国认可的独立保护机构的建立；各所属国在国际合作层面的权利和义务以及其应当承担的国家责任等。

（一）确立独立保护权利主体

作为文化遗产的管理者以及法律的执行者，保护主体的确立对于“海上文化线路”遗产而言尤为重要，它是保护方式得以确立，保护活动得以开展的基础。由于“海上文化线路”遗产在所有权属性方面存在多样性特征，在保护管理过程中会涉及多个利益相关者，调和利益相关者诉求的主要方式就是在统一的法律框架下，通过建立独立权利主体的方式，完善合作与参与机制。例如，“英国哈德良长城全长 120 千米，90%以上地段属于私人财产，这种产权和利益构成的复杂性为其保护与管理带来巨大挑战，为此，1996 年成立哈德良长城世界遗产管理委员会，2006 年成立哈德良遗产有限公司进行统筹管理。”[①] 而“海上文化线路”遗产的情况就更为复杂、多样，它的权属不仅涉及个人利益而且事关国家主权，统一权利主体的设置就更为关键。

在国际法领域，基于共同利益以及目标的指导，有关各国通过创建与之相应的“国际组织”，并赋予该组织特定的权力用于增进利益、分担义务、解决纠纷、化解矛盾是较为通行的方式。这种方式也可以适用于“海上文化线路”遗产的保护。建立具有多边合作性质的政府间合作组织（例如“文化遗产保护委员会”），作为文化遗产的权利机关，赋予其为实现特定宗旨和履行其职责所必须的法律资格，负责保护工作的协调、开展。该组织具体的机构设置由相关国家签署的多边协议予以确定，包括委员会的组成，各国代表所占比例，下设执行机构的构成等。在委员会的职权方面，至少应当涵盖以下几个方面：第一，鼓励并监督各缔约国的保护活动；第二，就如何在国际合作层面保护“海上文化线路”遗产提出建议；第三，保护基金的管理和使用；第四，提供国际援助；第五，调解由于文化遗产资源开发和利用所产生的纠纷；第六，接受、审议和批准缔约国提交的可能引起整条文化线路价值改变的活动申请；第七，在特定条件下，允许该组织在缔约国内开展活动等。

（二）国际一级保护机制

国际一级保护规范的设定主要用来明确各线路段所属国的国际义务，其基

① 刘庆余. 国外线性文化遗产保护与利用经验借鉴［J］. 东南文化，2013（2）：32.

础建立在各所属国一致认可保护本国内的“海上文化线路”遗产不但符合人类的整体利益、各自的国家利益，更重要的是要符合其他相关国的利益，并愿意为此目的在多边、地区各级开展保护工作。在此基础上，结合“海上文化线路”遗产的特点，规范的内容可以包括以下几个方面：第一，定期单独、合作开展文化遗产各路段以及整体范围内的普查工作，并编辑、更新、公布有关结果；第二，合作制定保护“海上文化线路”遗产措施，联合开展特定项目和活动，并及时实施、开展；第三，合作编制文化遗产保护开发规划，为各国合理、合法利用他国境内的文化遗产，整合资源，促进利益最大化提供依据；第四，应对机制的建立，确定国际援助申请的程序、内容，确保能够适时开展国际援助活动。

（三）国家责任的承担

从 1954 年的《海牙公约》到 1972 年联合国《保护世界文化和自然遗产公约》，再到 2003 年联合国教科文组织《关于蓄意破坏文化遗产问题的宣言》，在文化遗产保护的国际法律文献中，两个基本观点得到国际社会的一致认同：其一，承认文化遗产在价值上具有公益性，在文化遗产之中蕴含着某种一般性的文化资源，是人类共同的精神财富，为全人类共同所有；其二，任何国家、政府破坏文化遗产的行为应当承担与之对应的国际法上的责任。《关于蓄意破坏文化遗产问题的宣言》明确指出：“蓄意破坏对人类具有重要意义的文化遗产，或故意不采取适当措施禁止、防止、制止和惩罚一切蓄意破坏行为的国家，不论该遗产是否列入教科文组织或其他国际组织的保护名录，均应在国际法规定的范围内对该破坏行为承担责任。”[①]“保护文化遗产便成为一项国际法上的义务，当违反这一义务时，违反者便应承担国际法上的责任”[②]。关于责任的性质和内容，国际环境法中包含了一种特殊类型的国际环境法律责任可以与之对应，是指“污染或损害在科学、历史、文化、教育、美学、旅游、保健等方面具有特殊价值，并受到法律特殊保护的各种天然的和经人工改造的自然因素所应承担的法律责任”[③]。该类法律责任主要针对自然保护区、风景名胜区、国家公园、人文遗迹（包括古文化遗址，古建筑，古墓葬，石窟和石刻，具有重要纪念意义、教育意义和历史价值的建

① 联合国教科文组织．关于蓄意破坏文化遗产问题的宣言［G］// 中国国家文物局．国际文化遗产保护文件选编．北京：文物出版社，2007：239．

② 王云霞，黄树卿．文化遗产法的立场：民族主义抑或国际主义［J］．法学家，2008（5）：45．

③ 蔡守秋，常纪文．国际环境法学［M］．北京：法律出版社，2004：121．

筑物，遗址，纪念物等）等领域，实质上就是破坏文化遗产行为所应当承担的国家责任。“海上文化线路”遗产在所有类型的文化遗产中能够最直接展示国际特性，而且某一国内路段遗产的毁损都可能会造成其他相关国所有遗产价值的丧失，这决定了强调各所属国承担国家责任的重要性。因此，在相关的保护立法中有必要明确：第一，文化线路途经国政府的蓄意破坏行为或不作为行为致使遗产本身遭受损害的，必须对受害国予以赔偿，或采取例如终止不法行为、继续履行、保证不重犯等其他其追究其国家责任方式；第二，通过国际法律文件赋予特定主体以合法手段制止违反强行法义务的行为发生以及追究其国家责任的权力。

总之，国际合作是世界范围内开展文化遗产保护的国与国之间的互动方式，也是促进各国政府保护文化遗产的重要方式。国际合作不仅是与联合国有关机构的合作，而且是与世界各国政府、相关社会团体、组织机构甚至个人的全方位深度合作。我国政府很早就注意到合作的必要性和重要性，已经加入了《保护世界文化和自然遗产公约》《武装冲突情况下保护文化财产公约》《关于禁止和防止非法进出口文化财产和非法转让其所有权的方法的公约》《国际统一私法协会关于被盗或者非法出口文物的公约》等公约。目前，中国已有50处遗产地被列入《世界遗产名录》。同时，中国政府还积极开展世界遗产保护领域的国际合作活动，承办了数次世界遗产保护领域的国际会议。中国政府在文化遗产保护方面做出的成绩，得到世界各国政府的认可，中国多次当选世界遗产委员会委员。应该说，我国政府对世界遗产保护的国际合作还是高度重视的，与很多国际遗产资源组织建立了深入的合作关系。敦煌研究院先后与美国盖蒂保护研究所、日本东京国立文化财研究所、美国梅隆基金会等多个国外机构和组织展开技术交流与合作。我国也承担了世界文化遗产吴哥窟周萨神殿的保护修复工作。目前，我国的世界遗产保护工作与其他一些国家相比还有一定的差距。只有进一步加强国际合作，我国的世界遗产保护工作才能走向新的阶段。

第二节　确保我国“海上文化线路”遗产保护法规有效实施的民间保护

每一个申报遗产都应有合适的管理规划或其他有文可依的管理体制，其中，需要详细说明应如何采用多方参与的方式。我国文化与自然遗产的所有权存在国家所有、集体所有和私人所有三种类型，其中国家所有是主要类型，但目前还没有建立一种能有效处理利益相关者权利、责任和相关制度建设及执行的制度。因此，统筹各方利益关切，构建文化遗产利益相关者群体合作与参与机制实属必要！关键是坚持政府保护为主导、民众保护为主体相结合的原则，宣传和动员广大民众参与遗产保护的全社会行动，拓展社会参与遗产保护的渠道，发挥社会组织的作用，调动社会资本、民营化管理的积极性，努力形成遗产保护与管理的合力。线性文化遗产因其线性分布，跨越距离较长，涉及管理单位、所有权人、利益团体较多，所以构建各方合作与参与机制是各国普遍采用的策略。

以日本为例，在19世纪中叶的江户幕府时代之前，日本的传统文化遗产几乎保护得完整无缺。这一切归功于日本致力于保护传统文化遗产的民间力量。第二次世界大战严重破坏了日本的文化遗产。在社会开明人士和学术界为代表的民间力量的推动下，《文化遗产保护法》在1950年才得以颁布。韩国政府颁布的《无形文化财产保护法》也是在一大批民俗文化学者的强烈呼吁和参与下才得以成形。在美国，世界遗产管理部门的决策必须向公众征询意见，所以在重大举措的制定过程中多数人的利益最大化。英国对遗产资源的保护最为显著的特点是将保护组织的监督以及立法参与都纳入了立法与执法的程序。

提到世界遗产保护的全民参与，美国的环境公民诉讼十分典型。1979年美国颁布的《清洁空气法》与《密西根环境保护法》是最早授权环境公民诉讼的联邦环境法律和州法律。环境公民诉讼是指为了保护环境和自然资源免遭污染、损害和毁灭，法律授权任何人可以对违反环境法律的个人或行政机关向法院提出诉讼。[①]这种诉讼制度可以强制自然资源破坏者的污染、破坏等行为，从而达到保护环境的目的。在此种制度的约束下，环境保护的主管部门及其他行政机关必定会严格履行其法定义务，加强监督管理。而关心环境保护事业的公民也可以在法律的保障下参与法律执行，推进公益事业的发展。只有把世界遗产保护提升到全民参与的保护高度，遗产资源才能得到最完善最有效的保护。

澳门2008年的文化遗产日主题定为"文化遗产，人人保护；保护成果，人人共享"。这个主题说明了遗产资源的过程中扩大公众参与度的必要性及迫切性。我国的公民遗产资源保护意识需要进一步加强。在一些世界遗产所在地，有些公众甚至认为遗产保护与自己无关，缺乏主人公意识。世界遗产的保护不仅要依靠政府组织的力量来完善法律体系，也需要社会力量和广大公众的参与。尤其是对

① 高猛，陈炳，等. 走向社会建构的公共行政［M］. 杭州：浙江大学出版社，2013：236.

文化与自然生态历史遗产的保护工作，特别需要各国形成有力的民间保护机制、公众参与机制。国家应该通过宣传教育、学术交流活动、论坛、展览、组织参观、讲解、发放宣传材料等多种形式引导人们深入了解世界遗产，帮助他们树立保护世界遗产的意识。此外，在法律的支持下，要积极鼓励人们参与到涉及世界遗产保护的重大决策中去，提高他们的主人翁意识。我国的民间团体组织在世界遗产的保护工作中发挥着越来越重要的作用，国家要对这些组织予以财政和政策上的支持，扶持他们的工作。只有公众积极参与，才能形成全民遗产资源保护意识。只有增强全民保护意识，才能为中国世界遗产保护打下夯实的基础，为遗产资源保护带来新的机遇。

此外，多数国家都成立了、由各方参与的管理（规划、指导）委员会，如英国旁特斯沃泰水道桥与运河指导委员会、英国哈德良长城管理规划委员会、美国黑石河峡谷国家遗产廊道委员会、澳大利亚大堡礁旅游休闲咨询委员会等，有效地保护了本国的文化遗产。

一、公众参与文化遗产保护的理论依据

（一）文化遗产权理论

公众参与社会公共事务的决策和管理是公民社会发展的基本要求，因为公民个体是社会整体最基本的组成部分，这意味着公民既是社会环境的建设者，同时又可能是社会环境的破坏者。因此，公民对与维持自身生存休戚相关的社会环境的改善享有当然的参与权利，而社会环境就包括人文环境。

实际上，有关公众参与的社会理论最早产生于环境保护领域。公众参与环境保护的基本理论根据是由公民享有的环境权，环境资源的稀缺性则是环境权产生的根本原因。与之非常类似，公众参与文化遗产保护的理论依据为公民享有的文化遗产权。随着国际文化遗产保护理念的发展，尤其是 1970 年《保护世界文化与自然遗产公约》的实施，文化遗产这一概念已经突破了传统法学理论对物权的理解，在一定程度上被视为一种由全人类共同享有的具有稀缺性的公共财富。这与当代环境法对“环境”一词的理解是完全一致的。

近年来，已经有学者正式提出了文化遗产权的概念，指出“文化遗产权是个人、团体及国家等权利主体对文化遗产的享用、传承及发展的权利。享用是主体对文化遗产的接触、欣赏、占有、使用以及有限的处分权利，传承是主体对文化遗产的学习、研究、传播的权利，发展则是主体对文化遗产的演绎、创新、改造等

权利。”①

对于我国步履维艰的文化遗产保护事业来说，这是一项具有重要意义的理论创新。公众（包括公民个人和群体）应该是文化遗产权最重要的主体，因为公民个人和群体是文化遗产的创造者、传承者；而文化遗产是其文化认同的纽带和基础，文化遗产能否得到很好的保护与传承直接关系到公众的根本利益和需求。而且公众能够比国家机构更直接、更真实地感受到来自于某一特定文化遗产的特有的文化内涵，也能够比国家机构更直接、更有效地承担起传承者的责任。这意味着，纯粹由政府及其设置的专业机构单方面对文化遗产进行排他性保护，或对文化遗产进行垄断式开发与利用的传统做法，都将直接构成对公众享有的文化遗产权的侵犯。因此，唯有将公众纳入保护主体的范围，采用“从群众中来，到群众中去”的保护模式，才能符合以保障文化遗产权为内涵的文化遗产保护新理论的需求。

（二）参与式民主与公共管理理论

20世纪后半叶，针对传统民主理论在实际操作层面的缺陷，西方学者在代议制民主的基础之上发展出一种新的民主理论，即参与式民主，也称协商民主。它强调在多元社会现实的背景下，通过真诚理性的讨论，在与公民沟通、交流、表达、妥协的基础上，就决策和立法达成共识。参与式民主理论的核心要素是协商与共识，有理性的、有质量的决策，有助于矫正代议民主的不足。该理论认为，代议民主已经与现代公民的要求及社会的发展不相适应，公民与官员之间就共同相关的政策问题进行直接面对面的对话与讨论，是政治民主最基本的要素之一，也是任何其他方式所不可取代的。这为公众参与政治生活，当然也包括参与文化遗产保护事业，提供了有力的理论支持。

除了与政治权力分享有关的参与式民主理论之外，从社会治理角度出发，公共管理理论也成为公众参与公共事务管理的一大理论支柱。该理论认为，官僚体制内的专家无法获得制定政策所需要的全部信息。因此，如果排除公众对重要决策的参与，将会造成政策上的失误。另一方面，政府治理的过程实质上是政府与公众互动的过程，公众参与公共管理，以反映公众的需求与偏好，使行政部门的政策与行为能满足社会中大多数公民的需求。其次，公众参与可以提高政府的代表力和回应力，使公共管理者知晓公众对公共管理组织绩效的评估意见。再次，

---

① 王云霞. 论文化遗产权［J］. 中国人民大学学报，2011，25(2)：21.

公众参与向公众提供了信息，这些信息有助于公众做出判断。最后，参与促使政府的改善，增强公众对政府的信心、认同和支持。[①] 这表明，公众参与不仅是基于国家权力合法性的要求，而且是基于行政治理效率的要求。

（三）文化遗产动态保护理论

文化遗产保护通常可以分为静态保护和动态保护两种类型，其中静态保护是传统意义上的文化遗产保护，即保护主体在与公众相对隔离的状态下对文化遗产加以保存、维护与修缮等保护行为；而动态保护则是指在公众的参与下对文化遗产进行保护，实际上参与到这一过程之中的公众自身也成了保护主体的一部分，甚至其生活状态也成为保护对象的一部分。可以说，动态保护理论是公众参与在文化遗产保护领域的重要支持。

近代考古学的诞生以及发展赋予了古董以全新的使用价值，那就是为采用科学方法来研究历史提供了证据，这可以说是人类对遗存古物观念的第一次重大变革。[②]20 世纪后半叶出现在国际公约中的“文化遗产”的概念进一步将遗存古物引入公共领域，以其为人类共有之财产，从而引发了人类对遗存古物观念的第二次大变革。

正是这两次观念上的变革促成了保护方式的变革。第一次变革使人们意识到文物潜在的科学价值，进而建立起一个严格而且完整的保护体系；第二次变革则使人们发现仅仅采用将遗存古物或文化载体作为珍宝藏之博物馆的传统保护方式不仅不利于对文化遗产提供全面保护，而且可能会阻碍其在原生地进一步发展与传承。一种有异于传统保护方式的新模式，即动态保护，则在这种背景之下应运而生。

二、主体：何为“公众”

与公民、法人及社会组织等概念不同，本章所谓“公众参与”中的“公众”一词并非法律术语，而是一个缺乏严格界定的开放性的概念，因而其内涵和外延均不清晰，难以在一个法律规范中被作为主体。一般来说，社会领域中任何一个非

---

① 刘婧. 公众参与的起源及其在历史文化遗产保护中发展 [J]. 四川建筑，2007，27（1）：61.

② 谢辰生“文物”词条：“从过去把文物视为古董的观念，发展到把文物作为人类社会历史发展的见证，标志着人们对文物价值的认识发生了根本性的变化，也扩大了文物概念的范围。”（中国大百科全书（文物·博物馆）[M]. 北京：中国大百科全书出版社，1993：1.）

官方的组成部分都可能属于公众的范畴，因此“公众”与一般法律规范中作为主体的公民、法人和社会组织并不矛盾。但是，“公众”必须转换为公民、法人或其他社会组织的形式才能出现在法律规范之中成为权利义务的实际承担者。

（一）公民

包括《世界人权宣言》或《经济、社会、文化国际公约》在内的几乎所有的文化遗产及文化多样性领域的国际公约和法律文件，都承认了个人对其国家、民族、团体及其个人所有的文化遗产的权利。每个人不仅对其创作或传承的文化遗产有享用、传承和发展的权利，对其所属社区、民族或国家的文化遗产享有接触、欣赏、利用、传承与发展的权利，对其他国家、民族的人民创造的文化遗产也享有一定的接触、欣赏和利用的权利。这已经成为国际社会的共识，也是众多保护文化遗产和文化权利国际法律框架的基础。①

据此，公民个体既是构成公众的最基本单位，又是公众本身，因为公民个体可以独自参与文化遗产保护事业，并行使其接触、欣赏、利用、传承与发展特定文化遗产的权利。然而，在实践层面，由于受到体力、精力、财力方面的局限，由公民个体直接进行文化遗产保护的活动不是很多，其难度也是显而易见的。不过，公民可以在宪法和法律的限度之内行使集会、游行、示威、言论表达等权利，也可以通过一定方式组成的集体来行使个体难以实现的权利。

（二）企业法人

以营利为目的企业法人也可以成为“公众”的一个组成部分，而且，占有大量资本的企业法人往往较公民个人或由公民组成的社会团体具有更大的社会影响力，资金、人员等实力也往往更加雄厚。在实践中，很多企业更是乐于采取投资公益事业的方式来树立或改善企业形象。近几年来，一些不可移动文物存量较为丰富的地区开始探索古村落或传统民居“认养（认领）”模式，以弥补文化遗产保护经费的不足、提高公众对文化遗产的认同感。在参与“认养、认领”的公众中，企业额身影格外引人注目。以广东省开平市碉楼认养为例，自 2011 年 12 月 31 日推出碉楼认养制度，至 2012 年 7 月，共有 21 座碉楼被认养，其中认养企业 10 家、商会 5 家、个人 2 名。②

① 王云霞．论文化遗产权［J］．中国人民大学学报，2011，25(2)：21-22．

② 彭跃辉，刘勇．开平碉楼认养制度调研报告［R］// 彭跃辉．中国文物法制研究报告，北京：文物出版社，2012：205．

（三）社会组织

依据宪法赋予公民的结社自由而形成的非官方和非营利性质的社会组织是公众参与社会公共事务管理的最为重要的主体。这是因为非政府组织一方面具有超越公民个人的专业能力和组织能力，另一方面也能较公民个人抵御更多的风险。西方发达国家公众参与文化遗存保护的实践大多是由非政府社会组织参与和完成的。但是，我国目前的文化遗产保护事业并不具备一定数量的，且能够形成一定规模的非政府组织，这直接局限了公众参与文化遗产保护的深度和广度。近年来，随着公众对保护非物质文化遗产认知程度的加深，公众参与在非物质文化遗产保护领域里得到进一步的发展。由企业、个人等发起成立的文化遗产保护组织机构相继成立，如中国华夏文化遗产基金会、兰州大学文化行者、北京文化遗产保护中心等非政府组织，在发动民间力量保护非物质文化遗产方面发挥了重要作用。

三、公众对"海上文化线路"遗产享有的权利

1969年，美国人谢里·安斯坦（Sherry Amstein）在美国规划师协会杂志上发表题为《公众参与的阶梯》的论文，认为公众参与是一种公民权利的运用，是一种权利的再分配，使目前在政治、经济等活动中无法掌握权力的民众，其意见在未来能有计划地被列入公权力考虑的范围。

（一）公众的知情权

2008年5月1日，《中华人民共和国政府信息公开条例》正式实施。这是我国政治文明发展史上的一个里程碑，对于落实《宪法》赋予公民的言论自由和保障公民对行政权力运作的知情权等具有划时代的意义。根据该条例第六条和第九条的规定，行政机关有义务及时、准确地公开政府信息，其范围包括：① 涉及公民、法人或者其他组织切身利益的；② 需要社会公众广泛知晓或者参与的；③ 反映本行政机关机构设置、职能、办事程序等情况的；④ 其他依照法律、法规和国家有关规定应当主动公开的。此外，该条例第十条、第十一条和第十二条又分别规定不同级别的政府及其部门应当公布有关"重大建设项目的批准和实施情况""城乡建设和管理的重大事项""社会公益事业建设情况"等事项。这为公众在文化遗产保护方面行使知情权提供了最基本的法律依据。实际，对公众文化遗产知情权重要性的认识并非仅止于学术研究领域内。早在2010年，时任国家文物

局局长单霁翔在接受《成都商报》记者采访时即已明确提出:"应当充分理解当前广大民众的文化诉求,尊重他们的知情权和参与权,及时向社会和公众说明文化遗产的保护理念和目标需要。"在该采访中,单霁翔还以考古和出土文物为例,对保障公众知情权的内涵做出阐释。根据他的阐释,公众知情权至少应包含如下内容。① 了解有关文化遗产保护动态以增进认知和理解的权利。例如,对比较重要的考古发现,应及时、主动地以丰富的信息向社会进行新闻发布,使公众对考古工作的意义有更加深入的认知和理解。② 接近文化遗产以增强认同感和自豪感的权利。相关考古发掘工作在条件允许的情况下适当向公众开放、展示,通过举办讲座、与公众互动等形式,使公众了解相关考古工作的意义,增强当地群众对本乡本土文化的认同感和自豪感,也使考古工作在服务公众的过程中进一步实现自身的社会价值。就政府而言,为保障公众上述知情权的实现,应采取多种方式和手段宣传普及文化遗产知识,例如出版一系列为广大民众喜闻乐见、图文并茂、深入浅出的科普读物。①

(二)公众的参与行动权

为切实参与文化遗产保护的调查、决策和立法过程,在知情权的基础上,公众应当享有由法律保障的较充分的参与文化遗产保护与开发等行动的权利。

许多文化遗产保护的国际立法都特别强调公众的实际参与。例如,联合国教科文组织《保护非物质文化遗产公约》第十一条第(二)项明确规定:"在第二条第三项提及的保护措施内,由各社区、群体和有关非政府组织参与,确认和确定其领土上的各种非物质文化遗产。"而第二条第三段提及的保护措施"指确保非物质文化遗产生命力的各种措施,包括这种遗产各个方面的确认、立档、研究、保存、保护、宣传、弘扬、传承(特别是通过正规和非正规教育)和振兴"。其第十五条也强调缔约国在开展保护非物质文化遗产活动时,应吸收社区、群体和个人积极地参与有关的管理。

对此,有学者指出,公众参与权的范围和内容是一个非常广阔的领域,应该说它贯穿于整个政府行为的始终,它是公众知情权满足后的新权利诉求。而公众能够按照法律程序将真实意思表达出来,并由特定主管机关听取甚至采纳,则是参与行动权的实际表现。实际上,参与行动权并不是一项单一权利,而是公民依

① 马洪雨. 非物质文化遗产保护公众参与的法律制度构建[J]. 甘肃政法学院学报,2007(1):156.

据宪法和法律享有的表达自由和行动自由在某一特定公共领域的集中体现。具体来说，公众参与行动权可以分为事前的参与、事中的参与和事后的参与。

（1）事前的参与：公众享有参与文化遗产保护与开发机制的制定和决策权利。公众对这些权利的行使往往发生在文化遗产保护与开发相关政策和立法制定过程中，或者说是政府采取相关保护和开发行动之前，具有一定的预见性，因而也称为“事前的参与”。事前参与权利的行使一方面可以增强公众的参与意识，另一方面对立法机关完善相关立法和行政部门制定具体保护措施和决策也是一种鞭策和促进，在为国家有关机关节省大量的物力和财力的同时，也能使文化遗产的保护拥有更加深厚的群众基础。

（2）事中的参与：公众享有参与文化遗产调查、宣传、教育、研究、传承、开发、利用与保护等行动的权利。公众参与到各种文化遗产保护与开发活动中，既是公众文化遗产权的基本要求，也是国家文化遗产保护事业能否取得真正成功的关键所在。虽然文化遗产管理和保护主要是政府的职责，但是，如果没有广大公众的积极响应和参与，不仅可能因国家财力和人力有限而使很多文化遗产处于无力管理和保护的状态，而且会因公众的漠不关心而使文化遗产遭到进一步破坏，并且政府的管理与保护工作也会因缺乏有效监督和支持而无法得到促进，甚至出现严重失职和腐败。

（3）事后的参与：针对文化遗产管理与保护中的失职行为，以及破坏文化遗产的重大事件，公众应当享有参与调查、提起行政复议和公益诉讼的权利。这些权利的行使往往发生在文化遗产遭到破坏的事件发生之后，具有一种挽回的性质，因此也称为“事后的参与”。事后参与权利所形成的制约机制将有效保障事前和事中参与权利的落实。

（三）公众的监督权

公众参与能够有效地对政府的文化遗产管理和保护工作起到监督作用。这种监督权其实是一种事后的参与行动权，是针对文化遗产管理与保护中的失职行为，以及破坏文化遗产的重大事件，公众所享有的参与调查、提起行政复议和公益诉讼的权利。这些权利的行使往往发生在文化遗产遭到破坏的事件发生之后，具有一种挽回的性质，因此也称为“事后的参与”。事后参与权利所形成的制约机制将有效保障事前和事中参与行动权利的落实。

我国长期以来在文化遗产保护方面更多以政府为主导进行单向度的保护，公众参与的意识和力度都很不够，这实际上是造成文化遗产破坏速度加快的重要原因。要防止政府的盲目决策以及不恰当的保护和开发行为，公众参与所能提供的外部监督则是至关重要的。

有文保人士指出，由于经济利益冲突，非专业性等方方面面的原因，政府在保护物质文化遗产的过程中难免会做出不恰当甚至是不合理的决策，而公众最了解自己生活周围的情况，他们最具有发言权，公众对政府决策的参与会减少政府的决策失误，增加政府的信息渠道，提高政府决策能力，减少不必要的损失。此外，监督权还有益于提升民众参与文化遗产保护的主人翁意识。

四、公众参与文化遗产保护的法律保障

实际上，文化遗产保护的公众参与并非仅停留在理论探讨的层面。就我国而言，现行立法已从不同方面为公众参与文化遗产保护提供了法律依据。我国《宪法》第二十二条规定：“国家发展为人民服务、为社会主义服务的文学艺术事业、新闻广播电视事业、出版发行事业、图书馆博物馆文化馆和其他文化事业，开展群众性的文化活动。”这一规定一方面明确了国家在提供公共文化服务方面的义务；另一方面也赋予公众享受公共文化服务的权利。而参与文化遗产保护，正是公众享有这一权利的表现方式之一。因此，可以说，公众参与文化遗产保护是《宪法》赋予的基本权利。

如果说《宪法》第二条的规定只是暗含了公众参与文化遗产保护的权利，那么，我国文物保护领域的基本法律——《中华人民共和国文物保护法》则对公众参与文化遗产保护做出了更明确的规定。该法第七条规定：“一切机关、组织和个人都有依法保护文物的义务。”如前所述，有权对文化遗产进行保护的主体不只是享有行政管理权的相关部门，也包括与相应文化遗产及其所在环境有密切关系的公众。显然该条所谓一切机关、组织和个人，既包括依法负有强制性的文物保护义务的主体（如文物保护管理机构及其工作人员、法律规定承担文物保护职责的相关专业机构及其工作人员），也包括不负有强制性文物保护义务的其他主体，如社区及其居民。不仅如此，《中华人民共和国文物保护法》第十条第四款进一步明确了对公众参与文化遗产保护具体方式之一的肯定态度，“国家鼓励通过捐赠等方式设立文物保护社会基金，专门用于文物保护，任何单位或者个人不得侵占、挪用”。这一规定表明了国家对于设立文物保护社会基金的鼓励态度。显然，该条款并未限定设立主体，因此可以合理推断，公民或社会组织通过捐赠设立文物保护社会基金是受到国家保护的。而设立文物保护基金正是公众参与

文化遗产保护的方式之一。此外，该法第十二条还规定：对于保护文物成绩显著、将个人收藏的重要文物捐赠给国家或者为文物保护事业做出捐赠以及在文物面临破坏危险时抢救有功的行为，可由国家给予精神鼓励或者物质奖励。这一规定也明显体现出国家对于参与文化遗产保护行为的肯定，与第七条类似，该条规定也未限定主体。这意味着公众参与文化遗产保护，如果满足第十二条规定的情形，应该得到国家给予的精神鼓励或者物质奖励。

由《中华人民共和国文物保护法》的上述规定可以看出，这部基本法律至少对于公众参与文化遗产保护的两种主要形式——捐赠、抢救文物是持鼓励态度的。而这两种形式本身则可以衍生出多种多样的具体参与方式，包括捐赠文物、捐赠用于文物保护的资金、设立专门致力于文物保护的民间组织以及以个人名义检举、揭发及阻止破坏文物的行为等。

此外，2009年公布并实施的《文物认定管理暂行办法》也明确了公众参与文物普查及文物认定的权利，并就这一权利行使的具体程序做出规定。依据该法，除所有权人和持有人外，公民、法人和其他组织可以通过书面方式申请认定不可移动文物或对其定级，只需“向县级以上地方文物行政部门提供其姓名或者名称、住所、有效身份证件号码或者有效证照号码”。而县级以上地方文物行政部门则负有“通过听证会等形式听取公众意见并做出决定予以答复”的职责（第六条、第七条、第十二条）。综观《文物认定管理暂行办法》，该法第七条已经就“所有权人或持有人书面要求认定文物”的程序做出规定，因此，第七条、第十二条所谓书面要求认定文物的“公民、法人和其他组织”，主要是指所有权人或持有人以外的法律主体。就这部分主体而言，其请求认定文物的行为，主要是基于其参与公共事务的权利，而并非表明其就该文物享有物权权利。其要求认定文物的行为，即是典型的文化遗产公众参与。另一部文化遗产保护领域的基本法律《中华人民共和国非物质文化遗产法》中也有相当数量与文化遗产保护公众参与相关的规定，而且，该法对公众参与形式的规定更为具体和多样。比如，该法第九条规定：“国家鼓励和支持公民、法人和其他组织参与非物质文化遗产保护工作。”该条明确体现了国家对公众参与非物质文化遗产保护的正面态度。与这一态度相呼应，该法第十二条规定了公众参与非物质文化遗产调查的权利：“公民、法人和其他组织可以依法进行非物质文化遗产调查。”此外，该法第二〇条规定，公众享有提出将某项非物质文化遗产列入国家级非物质文化遗产代表性项目名录的建议的权利；不仅如此，该法第二十三条还为政府机关设定了征求公众意见的义务以保障公众知情权、参与权与监督权的实现。第三十七条第三款则规定，合理利用非物质文化遗产代表性项目的单位，依法享受国家规定的税收优惠。与《中华人民共和国文物保护法》相比，虽然同为行政色彩较浓的法律，但《中华人民共和国非物质文化遗产法》显然吸收了更多公众参与的理论与方法，在鼓励公众参与非物质文化遗产保护（包括合理利用）方面的力度也更大。

虽然我国《宪法》以及《中华人民共和国文物保护法》《中华人民共和国非物质文化遗产法》等法律法规均为公众参与文化遗产保护提供了法律依据，而且近年来公众参与文化遗产保护开始在国内受到关注，但是，由于我国长期以来缺乏公众参与的严密的法律保障，我国公众参与文化遗产保护的状况，无论在深度和广度上都尚有不小的提升空间。究其原因，则可从以下两方面加以分析。

一方面，现有法律法规和政府有关部门没有给公众参与提供足够的空间和保障。以《中华人民共和国文物保护法》对公众参与的规定为例。如前所述，该法在第七条、第十条、第十二条中均表明了对公众参与的肯定态度。第七条甚至规定“依法保护文物”为公民义务，但对公众享有的权利则没有明确规定。这就意味着，公众在文物保护中的主体地位没有在法律上得到明确，其参与文物保护的行为也没有得到法律更明确的保障。为确保公众依法全面参与文化遗产保护，《中华人民共和国文物保护法》应确立“国家保护为主、社会共同参与的文化遗产保护新机制”，明确赋予公众参与文化遗产保护的权利。此外，不仅对公众参与的权利和义务应有明确规定，而且要明确参与的途径和方式，确保公众在立法、调查、认定、监督、保护规划和设计等方面的知情权和参与权。再者，基于公众参与在中国文化遗产保护中的地位的日益凸显，应待条件成熟时制定文化遗产保护公众参与专项法规或条例，对公众参与文化遗产保护的权利、义务、范围、方式、程序、激励机制等做出全面系统的规定。各级政府和文物行政部门在制定或完善涉及文化遗产保护的法律法规时，也应增加关于公众参与的相应条款，具有可操作性的程序性规定。

目前的实际情况来看，一些公众参与文化遗产保护的行为受到利害关系人的阻挠，有些文保志愿者甚至因此受到人身威胁和伤害，这在很大程度上影响了公众参与文物保护的积极性和主动性的发挥。财政部、国家税务总局于2007年2月6日联合发布《财政部、国家税务总局关于宣传文化所得税优惠政策的通知》，明确指出：对企事业单位、社会团体和个人等社会力量通过国家批准成立的非营利性的公益组织或国家机关对宣传文化事业的公益性捐赠，经税务机关审核后，纳税人缴纳企业所得税时，在其年度应纳税所得额70%以内的部分，可在计算应纳税所得额时予以扣除；纳税人缴纳个人所得税时，捐赠额未超过纳税人申报的应纳税所得额30%的部分，可从其应纳税所得额中扣除。而对重点文物保护单位的捐赠属于“宣传文化事业的公益性捐赠范围”。2011年，该通知被《财政部关于公布废止和失效的财政规章和规范性文件目录（第十一批）的决定》宣布失效。但从实际情况来看，即使目前仍有地方政府对企业作为主体参与文化遗产保护规定了税收优惠方面的政策作为激励机制，但在实践中这一政策很少惠及企业。其原因则主要为文化遗产管理部门和财政部门间并未建立文化遗产公众参与税收减免方面的长效工作机制，导致企业通过捐赠等方式参与文化遗产保护后，若想享受税收方面的优惠，整套流程十分烦琐，既费时又费力。许多企业因此失去长期参与文化遗产保护的动力，税收优惠政策实际上并未起到应有作用。

另一方面，民众对遗产保护了解甚少，专业技能不足，加之民主参与意识较弱，也是导致文化遗产保护公众参与度不高的重要原因。由于文化遗产保护的公众参与并不能给公众带来直接及显性利益，公众对参与文化遗产保护的积极性并不高。而且，虽然近些年来已逐渐改善，但中国公众参与社会事务的意识普遍欠缺、不关心决策过程仍是不争的事实。这一状况并不仅仅出现在文化遗产保护领域。由社会经济发展的因素进行考量，我国目前仍处于社会主义初级阶段，文化教育发展水平相对较低，国民对传统文化的自觉保护意识较为欠缺。

可以预见到，扩大公众的范围，加深参与的程度，真正落实公众参与，将是我国在未来一个较长时间段内提升文化遗产保护水平的重要途径。我国的相关法律法规应进一步赋予并具体保障公民参与文化遗产保护的权利，当公众因为参与保护而权利受到侵害时，应当提供应有的救济。在税收减免政策方面，文化遗产部门应当尽快与财政部门明确减免主体，简化减免流程及方法，激励更多公民、企业和社会组织参与文化遗产保护。此外，政府仍应加强有关文化遗产保护宣传及教育，通过多种形式使公众接近文化遗产并对其产生认同感。政府还应保证公众参与文化遗产保护的渠道畅通，主动公开有关文化遗产保护、管理与开发利用的决策和工作的信息，并积极回应公众有关文化遗产的咨询及建议，促进其积极主动地成为文化遗产保护的主体。

参考文献

◎ 著作

[1] 丁援．文化线路：有形与无形之间．南京：东南大学出版社，2011.

[2] 曲金良．中国海洋文化史长编：先秦秦汉卷．青岛：中国海洋大学出版社，2008.

[3] 曲金良．海洋文化概论．青岛：中国海洋大学出版社，1999.

[4] 曲金良．中国海洋文化史长编（魏晋南北朝隋唐卷）. 青岛：中国海洋大学出版社，2013.

[5] 曲金良．中国海洋文化史长编（宋元卷）. 青岛：中国海洋大学出版社，2013.

[6] 曲金良．中国海洋文化史长编（明清卷）. 青岛：中国海洋大学出版社，2013.

[7] 曲金良．中国海洋文化史长编（近代）. 青岛：中国海洋大学出版社，2013.

[8] 罗尔斯顿．环境伦理学：大自然的价值以及人对大自然的义务．杨通进译．北京：中国社会科学出版社，2000.

[9] 李旭旦．人文地理学概论．北京：科学出版社．1985.

[10] 徐嵩龄．第三国策：论中国文化与自然遗产保护．北京：科学出版社，2005.

[11] 吴良镛．人居环境科学导论．北京：中国建筑工业出版社，2001.

[12] 吴必虎，刘筱娟．中国景观史．上海：上海人民出版社，2004.

[13] 余谋昌．环境哲学：生态文明的理论基础．北京：中国环境科学出版社，2010.

[14] 余谋昌．创造美好的生态环境．北京：中国社会科学出版社，1977.

[15] 余谋昌．生态哲学．西安：陕西人民出版社，2000.

[16] 余谋昌．生态文化论．石家庄：河北教育出版社，2001.

[17] 史怀泽．敬畏生命．陈泽环，译．上海：上海社会科学出版社，1995.

[18] 利奥波德．沙乡年鉴．侯文蕙，译．吉林：吉林人民出版社，1997.

[19] 麦茜特．自然之死——妇女、生态和科学革命．吴国盛，吴小英，曹南燕，等，译．吉林：吉林人民出版社，1999.

[20] 怀特．文化的科学——人类与文明研究．沈原，黄克克，黄玲伊，译．济南：山东人民出版社，1988.

[21] 格里芬．后现代科学——科学魅力的再现．马季方，译．北京：中央编译出版社，2004.

[22] 卡普拉．转折点：科学•社会•兴起中的新文化．冯禹，向世陵，黎云，编译．北京：中国人民大学出版社，1989.

[23] 何怀宏．生态伦理——一种精神资源与哲学基础．保定：河北大学出版社，2002.

[24] 周珂．环境法3版．北京：中国人民大学出版社，2008.
[25] 金瑞林，汪劲．20世纪环境法学研究评述．北京：北京大学出版社，2003.
[26] 第十届全国人民代表大会常务委员会．中华人民共和国城乡规划法．北京：法律出版社，2007.
[27] 第十届全国人民代表大会常务委员会．中华人民共和国治安管理处罚法．北京：法律出版社，2006.
[28] 第十二届全国人民代表大会常务委员会．中华人民共和国刑法：含新旧对照．北京：法律出版社，2015.
[29] 赵亚娟．联合国教科文组织《保护水下文化遗产公约》研究．厦门：厦门大学出版社，2007.
[30] 联合国新闻部．《联合国海洋法公约》评介．高之国，译．北京：海洋出版社，1986.
[31] 小江庆雄．水下考古学入门．王军，译．北京：文物出版社，1996.
[32] 蔡守秋，常纪文．国际环境法学．北京：法律出版社，2004.
[33] 高猛，陈炳，等．走向社会建构的公共行政．杭州：浙江大学出版社，2013.
[34] 中国大百科全书(文物·博物馆)．北京：中国大百科全书出版社，1993.
[35] 孙光圻．中国古代航海史．北京：海洋出版社，2005.
[36] 三上次男．陶瓷之路．李锡经，高喜美，译．北京：文物出版社，1984.
[37] 崔京生．海洋志．北京：中国青年出版社，2012.
[38] 郝明伟，徐世澄．拉丁美洲文明．北京：中国社会科学出版社，1999.
[39] 杜瑜．海上丝路史话．北京：社会科学文献出版社，2011.
[40] 吴春明．环中国海沉船——古代帆船、船技与船货．南昌：江西高校出版社，2003.
[41] 王云霞．文化遗产法学：框架与使命．北京：中国环境出版社，2013.
[42] 王云霞．文化遗产法教程．北京：商务印书馆，2012.
[43] 傅崐成，宋玉祥．水下文化遗产的国际法保护．北京：法律出版社，2006.
[44] 傅崐成．海洋法相关公约及中英文索引．厦门：厦门大学出版社，2005.
[45] 朱祥贵．文化遗产保护法研究——生态法范式的视角．北京：法律出版社，2007.
[46] 薛桂芳．《联合国海洋法公约》与国家实践．北京：海洋出版社，2011.
[47] 阎宗临．中西交通史．桂林：广西师范大学出版社，2007.
[48] 方豪．中西交通史(上下)．上海：上海人民出版社，2008.
[49] 刘迎胜．丝绸之路．南京：江苏人民出版社，2014.
[50] 刘迎胜．海路与陆路——中古时代东西交流研究．北京：北京大学出版社，2011.
[51] 李志夫．中西丝路文化史．北京：宗教文化出版社，2010.
[52] 林立群．跨越海洋——“海上丝绸之路与世界文明进程”国际学术论坛文选．杭州：浙江大学出版社，2012.
[53] 龚缨晏．中国“海上丝绸之路”研究百年回顾．杭州：浙江大学出版社，2011.
[54] 松浦章．明清时代东亚海域的文化交流．郑洁西，等译．南京：江苏人民出版社，2009.

[55] 张利华．中国文化与外交．北京：知识产权出版社，2013.
[56] 向达．中西交通史．长沙：岳麓书社，2012.
[57] CROSBY W. The Columbian Exchange: Biological and Cultural Consequences of 1492. New York: Greenwood Press, 1973.
[58] TALOR P W. Respect for Nature: A Theory of Environmental Ethics. Princeton: Princeton University Press, 1986.
[59] DEVALL B, SESSIONS G. Deep Ecology: Living as if Nature Mateered. Salt Lake: Peregrine Sunith Books, 1985.
[60] MOORE G E. The conception of intrinsic value. London: Routledge and Kagan Paul, 1922.
[61] V ELISEEFF. The Silk Roads-Highways of Culture and Commerce. New York/Oxford: UNESCO Publishing, 2000.
[62] JOHN LAWTON. Silk, Scents and Spice. New York/Oxford: UNESCO Publishing, 2004.
[63] M P KEANE. Japanese Garden Design. Tokyo: Tuttle Publishing Co, 1997.
[64] J M BLAUT. The Colonizer's Model of the World: Geographical Diffusionism and Eurocentric History. New York: Guilford Press, 1993.
[65] D S SMITH, ET AL. Ecology of Greenways. Minneapolis: The University of Minnesota Press, 1993.
[66] JAMES P. DELGADO: Encyclopaedia of Underwater and Maritime Archaeology. London: British Museum Press, 1997.
[67] STRATI, A. The Protection of the underwater Cultural Heritage: An Emerging Objective of the Contemporary Law of the Sea. Martinus Nijhoff, 1995.

◎ 期刊

[1] 单霁翔．关注新型文化遗产——文化线路遗产的保护．中国名城，2009(5).
[2] 李伟，俞孔坚．世界文化遗产保护的新动向——文化线路．城市问题，2005(4).
[3] 王建波，阮仪三．作为遗产类型的文化线路——《文化线路宪章》解读．城市规划学刊，2009(4).
[4] 曲金良．关于中国海洋文化遗产的几个问题．东方论坛，2012(1).
[5] 朱杰勤．中国陶瓷和制瓷技术对东南亚的传播．世界历史，1979(2).
[6] 王建辉．“海上丝绸之路”应称为“瓷器之路”．求索，1984(6).
[7] 叶玉瑶，张虹鸥，周春山，等．“生态导向”的城市空间结构研究综述．城市规划，2008(5).
[8] 胡伟希．儒家生态学基本观念的现代阐释：从“人与自然”的关系看．孔子研究，2000 (1).
[9] 季羡林．“天人合一”方能拯救人类．东方，1993(创刊号).

[10] 罗尔斯顿．尊重生命：禅学佛教能帮助我们建立一种环境伦理学吗？初晓，译．哲学译丛，1994（5）.
[11] 李旭萍．走出对人类中心主义认识的误区——对当代生态环境问题的反思．山西高等学校社会科学学报，2001，13（12）.
[12] 辛格．所有的动物都是平等的．江娅，译．哲学译丛，1999（5）.
[13] 叶平．当代西方环境伦理学研究的特点．自然辩证法研究，1999（8）.
[14] 曹明德．从人类中心主义到生态中心主义伦理观的转变——兼论道德共同体范围的扩展．中国人民大学学报，2002（3）.
[15] 章建刚．"内在价值"的含义与环境伦理学．思想战线，2000，26（5）.
[16] 黄德林，朱清．当前自然遗产保护的法制缺陷及其完善建议．湖北社会科学，2005（3）.
[17] 南宇，李兰军．丝绸之路中国段跨国申报世界遗产理论与实践的意义和价值．宁夏大学学报：人文社会科学版，2010，32（1）.
[18] 李林．"文化线路"对我国文化遗产保护的启示．江西社会科学，2008（4）.
[19] 王建波，阮仪三．作为遗产类型的文化线路——《文化线路宪章》解读．城市规划学刊，2009（4）.
[20] 国际古迹遗址理事会文化线路科学委员会．国际古迹遗址理事会（ICOMOS）文化线路宪章．丁援，译．中国名城，2009（5）.
[21] 刘庆余．国外线性文化遗产保护与利用经验借鉴．东南文化，2013（2）.
[22] 王云霞，黄树卿．文化遗产法的立场：民族主义抑或国际主义．法学家，2008（5）.
[23] 王云霞．论文化遗产权．中国人民大学学报，2011，25（2）.
[24] 刘婧．公众参与的起源及其在历史文化遗产保护中发展．四川建筑，2007，27（1）.
[25] 马洪雨．非物质文化遗产保护公众参与的法律制度构建．甘肃政法学院学报，2007（1）.
[26] REGANT. The Radical Egalitarian Case for Animal Rights. Environmental Ethics: Reading in Theory and Application, 2001, 5.
[27] CALLICOTT J. B. Animal liberation: A Triangles Adair. Environmental Ethics, 1980, 2(4).
[28] O'KEEFE P J. Protecting the Underwater Cultural Heritage: The International Law Association Draft Convention Marine Policy, 1996, 20(4).
[29] JULIET GRARDINER. The Roads to Revolution. History Today, 1998, 48(4).
[30] R L MOORE, D THOMAS ROSS. Trails and Recreational Greenways: Corridors of Benefits. Parks & Recreation, 1998, 33(1).
[31] PATRICIA M O'DONNEL. A Preservationist Glossary. Landscape Architecture, 1987(4).
[32] SEARNS R M. The Evolution of Greenway as an Adaptive Urban Landscape Form. Landscape and Urban Planning, 1995(33).